A Verdade Eterna

Sri Mata Amritanandamayi responde

a perguntas sobre o Sanatana Dharma

Mata Amritanandamayi Center, San Ramon
Califórnia, Estados Unidos

A Verdade Eterna

Sri Mata Amritanandamayi responde a perguntas sobre o Sanatana Dharma

Compilado por Swami Jnanamritananda Puri

Publicado por:
Mata Amritanandamayi Center
P.O. Box 613
San Ramon, CA 94583
Estados Unidos

——————— *The Eternal Truth (Portuguese)* ———————

Primeira edição em português por MA Centro: abril 2016

No Brasil: www.ammabrasil.org
Em Portugal: www.ammaportugal.org
Em Índia:
    www.amritapuri.org
    inform@amritapuri.org

Prefácio

"A Verdade é Uma. Os sábios a chamam por nomes diferentes". Essa é a elevada mensagem que a antiga civilização da Índia legou ao mundo. O fato de termos esquecido dessa mensagem é a causa de todos os problemas atuais relacionados à religião.

Pode-se dizer que o mundo encolheu e se tornou uma aldeia, graças à globalização e às modernas inovações científicas, tais como a Internet e a televisão por satélite, mas, ao mesmo tempo, a distância entre os corações das pessoas aumenta constantemente. O conceito que a Índia legou ao mundo – *Vasudhaiva kutumbakam*: "O mundo inteiro é minha família" – se baseia na unidade fundamental e na verdadeira união de todos nós. Encontramos a solução definitiva de nossos problemas quando assimilamos esse princípio de unidade. Mesmo se formos incapazes de assimilá-lo, devemos, no mínimo, cultivar a atitude de respeito às ideias e pontos de vista dos outros. O mundo tem uma profunda necessidade de tolerância e compreensão. Os princípios do *Sanatana Dharma*, o Princípio Eterno, que foram expressos pelas palavras dos *rishis* (sábios autorrealizados), podem nos conduzir nessa direção. Estes princípios são faróis divinos que lançam luz sobre nosso caminho até a perfeição.

O *Sanatana Dharma* incorpora as verdades eternas que todos, independentemente de religião, casta ou cultura, podem assimilar e adotar em suas vidas.

O presente livro contém a primeira parte de uma coletânea de respostas da Amma a perguntas sobre os princípios do *Sanatana Dharma*. Estas perguntas foram apresentadas por devotos em diferentes ocasiões. Esperamos que este livro contribua para promover a compreensão dos princípios do *Sanatana Dharma*.

Os Editores

ॐ

Pergunta: Quais são as características especiais do hinduísmo?

Amma: Meus filhos, de acordo com o hinduísmo, há divindade em tudo. Todos são uma encarnação de Deus. Os seres humanos e Deus não são dois, são um. A divindade está latente em todos os seres humanos. O hinduísmo ensina que qualquer um pode realizar a divindade interior através do próprio esforço. O Criador e a criação não são separados. O Criador (Deus) se manifesta como criação. No hinduísmo, a compreensão dessa Verdade não-dual é considerada o objetivo mais importante da vida.

O sonho não é separado do sonhador, mas temos que despertar para perceber que aquilo que experienciamos é um sonho. Embora tudo seja Deus, percebemos tudo o que nos rodeia como algo separado, porque ainda não despertamos para essa consciência. Sentimos apego por algumas coisas e aversão por outras. Por causa disso, a felicidade e o sofrimento se tornaram a natureza da vida.

Quando despertamos para nossa verdadeira essência, não há "eu" ou "você" - tudo é Deus. O que resta é apenas êxtase. O hinduísmo ensina que há muitos caminhos que nos ajudam a despertar para essa experiência, dependendo do *samskara*[1] de cada um. Provavelmente não há outra religião que tenha tantos caminhos, práticas e rituais diferentes.

Podemos moldar a argila com o formato de um burro, de um cavalo, de um rato ou de um leão. Muito embora eles tenham nomes e formas diferentes, na realidade não passam de argila. Precisamos ter a capacidade de ver que a argila é o substrato de todos esses nomes e formas. Então, esse modo de perceber o universo por meio de diferentes nomes e formas precisa ser abandonado. Na verdade, é um Princípio Supremo único que se transformou em todas essas formas. Portanto, no hinduísmo tudo é Deus. Não há nada que não seja Deus. O hinduísmo nos ensina a amar e servir os animais, as aves, os répteis, as árvores, as

---

[1] *Samskara* tem dois significados: (a) A totalidade das impressões registradas na mente pelas experiências dessa vida ou de vidas anteriores, que influencia a vida de um ser humano - sua natureza, ações, estado de espírito etc.; (b) O despontar da correta compreensão (conhecimento) no interior de cada pessoa, que conduz ao refinamento de seu caráter.

plantas, as montanhas, os rios – tudo, até mesmo uma cobra mortalmente venenosa.

Quando alcançamos a experiência última, compreendemos que esse universo não está separado de nós, da mesma forma que os diferentes órgãos de nosso corpo não estão separados de nós.

Nossa consciência, que até esse ponto se limitava ao corpo, se expande para abranger o universo inteiro. Essa consciência não exclui nada. Aqueles que conhecem a Verdade experienciam o sofrimento e os pesares dos outros como sendo seus, da mesma forma que sentimos dor no pé quando pisamos em um espinho. A compaixão se torna sua verdadeira natureza, assim como o calor é a natureza do fogo, o frescor é a natureza da água e a fragrância e a beleza são a natureza de uma flor. Dar consolo aos outros se torna sua natureza inata. Se, por acaso, enfiamos um dedo no olho, nós perdoamos o dedo e acariciamos e confortamos o olho, porque o dedo e o olho não estão separados de nós.

O objetivo do hinduísmo é conduzir-nos à experiência de que todos os seres constituem parte de nós mesmos. Quando nossa consciência se expande da consciência corporal limitada para incluir o universo inteiro e experienciamos nossa unidade com Deus, então atingimos a perfeição.

O *Sanatana Dharma* nos ensina como ver Deus em todo lugar no universo e assim percebermos que não estamos separados Dele. Para essa experiência, ele sugere caminhos diferentes, tais como: o caminho da ação altruísta (*karma yoga*), o caminho da devoção (*bhakti yoga*), o caminho da autoinvestigação (*jnana yoga*) e o caminho da meditação (*raja yoga*).

A religião hindu é chamada de *Sanatana Dharma*, ou seja, de Princípio Eterno, porque é apropriada para qualquer país em qualquer época. Ela ensina as verdades eternas para a elevação de todos os mundos[2]. O hinduísmo visa o progresso ascendente de todos. No hinduísmo não há lugar para fanatismo ou estreiteza de visão.

Om asato ma satgamaya
tamaso ma jyotirgamaya
mrityor ma amritam gamaya

Ó Ser Supremo,
Guia-nos do irreal para o real,
Das trevas para a luz,
E da morte para a imortalidade.

— Brihadaranyaka Upanixade (1.3.28)

---

[2] O céu, a terra e o além.

Om purnamadah purnamidam
purnat purnamudachyate
purnasya purnamadaya
purnamevavasishyate

Aquilo é o todo, isto é o todo.
O todo se manifesta a partir do todo.
Ao se remover o todo do todo,
Somente o todo permanece.[3]

Estes são mantras que os grandes sábios nos legaram e, nesses mantras, não se pode encontrar um único indício de um ponto de vista da pessoa como vendo o "outro" como separado.

Os *rishis*, sábios da antiga Índia, eram videntes iluminados que haviam compreendido a Verdade Suprema não-dual. E essa Verdade fluía nas palavras deles, de forma que nunca expressavam inverdades.

"Deus reside até mesmo nesta pilastra", disse o menino Prahlada em resposta à pergunta do pai. E a afirmativa se tornou verdadeira: Deus se manifestou de dentro da pilastra. É por isso que

---

[3] Se acendermos mil lamparinas a partir de uma única lamparina, o brilho desta não diminuirá. Tudo é inteiro, completo. Este famoso mantra é a invocação de paz, nos *Upanixades* do *Shukla Yajurveda*.

se diz que a verdade nasce das palavras dos sábios. Normalmente, o nascimento ocorre pelo ventre materno, mas também a resolução ou a concepção mental de um *rishi* se manifesta como uma nova criação. Em outras palavras, o que os *rishis* dizem se torna a verdade. Cada palavra daqueles sábios, que eram plenamente conscientes do passado, do presente e do futuro, era proferida tendo em mente também as futuras gerações.

A geladeira gela, o aquecedor aquece, a lâmpada ilumina, o ventilador move o ar, mas é a mesma corrente elétrica que faz todos esses objetos funcionarem. Seria racional dizer que a corrente em um desses objetos é superior à corrente que circula pelos outros, só porque os aparelhos têm funções e preços diferentes? Para entender que a eletricidade é a mesma, muito embora os aparelhos sejam diferentes, precisamos conhecer a ciência que dá embasamento a esses aparelhos e ter um pouco de experiência prática sobre o assunto. De forma semelhante, a essência interna – a Consciência – que habita em cada objeto no universo, é única e a mesma, muito embora todos esses objetos pareçam ser diferentes quando vistos externamente. Precisamos desenvolver o olhar da sabedoria por meio de nossa prática espiritual para enxergar isso. Os grandes *rishis*, que descobriram a Verdade por meio da experiência direta, transmitiram essa Verdade para as gerações seguintes. Foi essa filosofia trazida pelos *rishis* que formou o modo de vida do povo da Índia.

"Hindu" foi o nome dado aos povos que seguiam essa cultura. Não é realmente uma religião. É um modo de vida. A palavra sânscrita *"matham"* (religião) também tem uma acepção mais geral: ponto de vista. Essa cultura particular é a soma das experiências de muitos *rishis*, que viveram em épocas diferentes e experienciaram diretamente a Verdade Última. Dessa forma, o *Sanatana Dharma* não é uma religião criada por um único indivíduo, nem é um ensinamento codificado em um único livro. É uma filosofia de vida que abrange tudo.

As grandes almas, que viveram em países diferentes durante épocas distintas, deram a seus discípulos instruções sobre como chegar a Deus (ou à Verdade Última). Posteriormente, essas instruções se transformaram em diferentes religiões. Mas aquela que se tornou o *Sanatana Dharma* na Índia consiste em princípios, valores e ensinamentos éticos eternos, que foram revelados como experiência própria a um grande número de almas auto-realizadas. Posteriormente, ela ficou conhecida pelo nome de hinduísmo. Tudo está incluído no hinduísmo.

O *Sanatana Dharma* não insiste que Deus deve ser chamado apenas por um determinado nome, ou que só podemos chegar a Deus através de um caminho prescrito. O *Sanatana Dharma* é como um amplo supermercado, onde tudo está disponível. Ele nos dá liberdade para seguir qualquer um dos caminhos indicados pelas grandes almas auto-realizadas, e até mesmo para abrir um novo caminho até a meta. Há até a liberdade de crer ou não crer em Deus.

O que o *Sanatana Dharma* chama de libertação é a liberação última da tristeza e do sofrimento humanos. Entretanto, ele não insiste que há apenas um modo para se atingir esta meta. O mestre espiritual sugere o método mais apropriado para as condições físicas, mentais e intelectuais do discípulo. Nem todas as portas podem ser abertas com a mesma chave. De modo semelhante, precisamos de chaves diferentes para abrir nossas mentes, que se adaptem aos nossos diferentes *samskaras* e níveis de compreensão.

Quantas pessoas se beneficiam de um rio que corre somente por um único leito? Se, ao invés disso, o rio fluir através de vários canais, as pessoas que vivem ao longo das margens de todos esses canais serão beneficiadas. De modo semelhante, como os mestres espirituais ensinam caminhos diversos, mais pessoas podem absorver os ensinamentos. Uma criança surda tem que ser ensinada na linguagem dos sinais. Uma criança cega é ensinada através do Braille, por meio do sentido do tato. E se uma criança tiver retardo mental, temos que explicar-lhe as coisas de uma forma simples e compreensível. Os diferentes estudantes só podem absorver o que lhes está sendo ensinado quando o ensino for adequado a eles. De modo semelhante, os mestres espirituais examinam a atitude mental e o *samskara* de cada discípulo e decidem qual caminho recomendar a cada um, em conformidade com o que foi observado. Independentemente de quão diferentes sejam os caminhos, a meta é sempre a mesma: a Verdade Suprema.

No *Sanatana Dharma*, a roupa não é cortada na mesma medida para todos. Além disso, para cada pessoa, a roupa às vezes precisa ser remodelada, para se ajustar ao estágio de desenvolvimento da pessoa.

Os caminhos e as práticas espirituais têm que ser renovados de acordo com os tempos. Essa é a contribuição que as grandes almas trouxeram para o *Sanatana Dharma*. O dinamismo e a expansividade constituem as características típicas do hinduísmo.

Se dermos carne para um bebê que ainda mama no peito, ele não poderá digeri-la. O bebê ficará doente, e isso constituirá um problema também para os outros. Alimentos diferentes são oferecidos de acordo com a capacidade digestiva e do paladar das diferentes pessoas. Assim, elas se mantêm saudáveis. De forma semelhante, no *Sanatana Dharma*, os modos de adoração são diferentes para pessoas diferentes, de acordo com seu *samskara*. Cada pessoa pode escolher o método que lhe seja mais apropriado. Seja qual for o caminho que preferirmos, seja qual for o caminho mais adequado para nossa natureza individual, poderemos encontrá-lo no *Sanatana Dharma*. Assim nasceram numerosos caminhos espirituais, tais como *jnana yoga, bhakti yoga, karma yoga, raja yoga, hatha yoga, kundalini yoga, kriya yoga, svara yoga, laya yoga, mantra yoga, tantra* e *nadopasana*.

No *Sanatana Dharma*, não há contradição entre a espiritualidade e a vida secular (como viver em família). O *Sanatana Dharma* não rejeita a vida secular em nome da espiritualidade. Ao contrário, ele ensina que a vida se torna mais rica e mais significativa por meio da espiritualidade.

Os *rishis* também desenvolveram as ciências e as artes com base na espiritualidade. Eles viam as artes e as ciências como degraus que levavam à Verdade Suprema e as formularam de forma que, em última instância, conduzissem a Deus. Na Índia, inúmeras disciplinas científicas foram desenvolvidas desse modo: linguística, arquitetura, *vastu*, astronomia, matemática, ciências da saúde, diplomacia e economia, *natya shastra*, musicologia, ciência do erotismo, lógica e *nadi shastra*, para mencionar algumas. O *Sanatana Dharma* não nega nem rejeita nenhuma esfera da vida ou da cultura humanas. A tradição que existia na Índia incentivava todas as artes e ciências.

Com o reconhecimento que a Consciência Divina existe em todas as coisas sensíveis e insensíveis, desenvolveu-se uma tradição no *Sanatana Dharma* de ver tudo com respeito e reverência. Os grandes *rishis* olhavam para os pássaros, os animais, as plantas e as árvores sem o menor traço de desrespeito ou aversão e consideravam todos os seres como manifestações diretas de Deus.

Assim, foram erigidos templos inclusive para serpentes e pássaros. Até a aranha e o lagarto tinham lugar no culto dos templos. O *Sanatana Dharma* ensina que um ser humano precisa ter as bênçãos até de uma formiga para atingir a perfeição. No *Bhagavatam*[4] há uma história de um *avadhut*[5] que adotou vinte e quatro gurus, incluindo pássaros e animais. Devemos manter sempre a atitude de um principiante, porque podemos aprender lições com todos os seres.

Os *rishis* percebiam a presença de Deus também nos objetos inanimados. Eles recitavam *sarvam brahmamayam, re re sarvam brahmamayam* - "Tudo é Brâman; tudo é a essência do Supremo". Atualmente os cientistas dizem que tudo é feito de energia. O povo da Índia, que acredita nas palavras dos *rishis*, se inclina diante de todas as coisas com devoção, vendo tudo como Deus.

---

[4] Uma das dezoito escrituras, conhecidas como os *Puranas*, que trata especialmente das encarnações de *Vishnu*, e com mais detalhes, da vida de Krishna. Ela enfatiza o caminho da devoção.

[5] Uma alma auto-realizada, que não segue as convenções sociais. Para os padrões convencionais, os *avadhuts* são considerados extremamente excêntricos.

Amma[6] se lembra de algumas coisas de sua infância. Se acontecesse de ela pisar em um pedaço de papel que havia sido varrido, como se fosse lixo, ela o tocava e se inclinava diante dele. Se ela não fizesse isso, recebia tapas da mãe. A mãe da Amma lhe dizia que aquele pedaço de papel não era apenas um mero pedaço de papel. Ele era a própria deusa *Saraswati*, a própria deusa da sabedoria.

De forma semelhante, ensinaram à Amma que, se ela pisasse acidentalmente no esterco da vaca, deveria tocá-lo em sinal de reverência. O esterco da vaca ajuda o capim a crescer. As vacas comem o capim e nos dão leite. Nós usamos esse leite.

A mãe da Amma lhe ensinou que não se deve pisar no umbral da porta. Se acontecer de pisarmos nele, devemos tocá-lo com a mão e fazer uma reverência. Provavelmente o motivo disso seja que, simbolicamente, o umbral da porta é a entrada que conduz ao estágio seguinte da vida. Quando se olha as coisas desta forma, tudo se torna precioso. Nada então pode ser ignorado

---

[6] Amma habitualmente refere-se a si mesma usando a terceira pessoa, como "Amma" (Mãe).

ou desrespeitado. Devemos olhar para tudo com respeito e reverência[7].

O *Bhagavatam* (a história do Senhor) e *Bhagavan* (o Senhor) não são dois; eles são o mesmo. O mundo e Deus não são dois. Assim, vemos a unidade na diversidade, no múltiplo. Por causa disso, até hoje, quando por acaso a Amma pisa em algo, ela o toca e leva a mão à cabeça em sina de reverência diante desse objeto. Muito embora saiba que Deus não está separado dela, Amma continua se inclinando diante de tudo. Embora a escada que nos ajuda a chegar ao andar superior e o próprio piso do andar superior sejam feitos do mesmo material, Amma não pode ignorar a escada. Ela não pode esquecer o caminho que foi trilhado para chegar ali. Amma respeita todas as práticas que nos ajudam a alcançar a meta final.

Os filhos da Amma talvez se perguntem se ela precisa ter essa atitude. Mas, imaginemos que uma criança tenha icterícia e não possa comer sal

---

[7] Algumas pessoas podem se perguntar por que a Amma dá tanta importância a tudo no mundo manifesto, o que, segundo o *Sanatana Dharma*, é *maya* (ilusão). Referindo-se a isso, Amma diz: "Quando dizemos que o mundo externo não é verdadeiro ou real, e sim irreal ou ilusório, não queremos dizer que não existe, e sim que ele não é permanente, que está em constante estado de mudança."

porque seu estado pioraria. A criança não gosta de comida sem sal e assim, quando encontra alguma coisa com sal, ela a pega e come. Sua mãe não adiciona sal nos pratos que prepara e, pelo bem da criança, os outros membros da família também se abstêm do sal. De forma semelhante, a Amma está dando exemplo, mesmo que não precise seguir nenhum desses costumes.

Como o *Sanatana Dharma* nos ensina a ver a divindade em tudo, não existe algo como a danação eterna. Acredita-se que, independentemente do tamanho do pecado cometido, você ainda pode se purificar por meio de bons pensamentos e boas ações e, finalmente, alcançar o conhecimento de Deus. Com arrependimento sincero, qualquer pessoa pode livrar-se dos efeitos de seus erros, independentemente da gravidade. Não há pecado que não possa ser lavado com o arrependimento. Mas isso não deve ser como o banho do elefante! O elefante se banha, sai da água e imediatamente se cobre de poeira outra vez. É assim que muitas pessoas se comportam com seus erros.

Podemos cometer muitos erros no decorrer da vida. Mas os filhos da Amma não devem se desanimar com isso. Se você cair, pense que caiu apenas para se levantar. Não fique ali deitado, só pensando que está bastante confortável! E não se sinta destroçado pela queda. Você tem que tentar se levantar e seguir adiante.

Quando escrevemos a lápis, podemos usar uma borracha para apagar nossos erros e voltar a escrever. Mas, se erramos várias vezes no mesmo ponto e tentarmos apagar, o papel pode rasgar. Portanto, meus filhos, tentem não repetir seus erros. Cometer erros é natural, mas tentem ser cuidadosos. Estejam alertas!

O *Sanatana Dharma* não rejeita ninguém como eternamente indigno. Considerar alguém indigno do caminho espiritual é como construir um hospital e decidir não admitir pacientes. Até um relógio quebrado mostra a hora certa duas vezes por dia! Portanto, o que é necessário é aceitação. Quando evitamos uma pessoa por ser "inconveniente", promovemos o desejo de vingança e os instintos animais dessa pessoa, e ela voltará a cometer o erro. Por outro lado, se elogiarmos o que há de bom nessa pessoa e tentarmos pacientemente corrigir seus erros, poderemos elevá-la.

Cometemos erros porque ignoramos quem realmente somos. O *Sanatana Dharma* não rejeita ninguém. Seus ensinamentos proporcionam a todos o conhecimento necessário. Se os sábios tivessem rotulado o caçador *Ratnakara* como nada além de um ladrão e o tivessem mantido à distância, o sábio *Valmiki* não teria nascido[8]. O *Sanatana Dharma* mostra que até um ladrão pode ser transformado em uma grande alma.

Ninguém rejeita um diamante, mesmo que ele esteja no meio de excrementos. A pessoa o pega, limpa e se apossa dele. Não é possível rejeitar ninguém, pois o Ser Supremo está presente em todos. Devemos ser capazes de ver Deus em todos, independentemente da posição social. Para que isto seja possível, primeiro temos que eliminar as impurezas que cobrem nossa própria mente.

Os ensinamentos do *Sanatana Dharma* são gemas preciosas imperecíveis, que os abnegados *rishis*, por sua compaixão, deram ao mundo. Ninguém que queira permanecer vivo pode evitar o ar ou a água. De modo semelhante, ninguém que busque a paz pode ignorar os princípios do *Sanatana Dharma*. O *Sanatana Dharma* não nos pede

---

[8] Valmiki foi um ladrão que se tornou um grande santo após compreender como eram enganados seus valores e pressuposições e após empreender rigorosas práticas espirituais sob a orientação dos *rishis*. Ele é um grande exemplo de como é possível morrer completamente para o passado, não importa quais foram as ações negativas da pessoa.

para acreditar em um Deus que vive lá em cima no céu. Ele diz: "Tenha fé em si mesmo. Tudo está dentro de você!"

Uma bomba atômica tem o poder de reduzir a cinzas um continente, mas sua força reside nos minúsculos átomos. Uma figueira-de-bengala pode cobrir uma ampla área, todavia, ela cresce a partir de uma pequena semente. A ideia é que a essência de Deus existe dentro de cada um de nós. Podemos aprender isso por meio da razão e das experiências que temos em nossa prática espiritual. Tudo o que precisamos fazer é seguir cuidadosamente um dos métodos para despertar esse poder.

Devoção, fé e consciência atenta em cada ação – isso é o que ensina o *Sanatana Dharma*. Ele não lhe pede que se acredite cegamente em nada. Se quisermos usar uma máquina, primeiro temos que aprender a operá-la, senão ela pode ser danificada. O conhecimento (*jnana*) é necessário para agirmos do modo correto. Agir com a consciência nascida da compreensão desse conhecimento - isso é o exercício da consciência atenta.

Um homem derrama água em um reservatório. Mas, mesmo após ter feito isso o dia todo, o reservatório ainda não está cheio. Ele tenta descobrir o motivo. Finalmente, descobre que um dos furos para a saída da água não foi tampado. Aqui, o conhecimento é a compreensão de que, sem tampar o furo, nenhuma quantidade de água será suficiente para encher o reservatório. Consciência atenta é o que aplicamos ao esforço depois de adquirirmos esse conhecimento. Somente quando realizarmos ações com consciência atenta obteremos o resultado pretendido.

Cinco camponeses receberam a incumbência de plantar sementes. Um deles cavou buracos na terra. Outro colocou fertilizante nos buracos. Um terceiro regou o solo. Outro homem cobriu os buracos com terra. Os dias se sucediam, mas nenhuma das sementes brotou. O fazendeiro examinou o solo para descobrir o que estava errado e descobriu que o camponês incumbido de colocar as sementes nos buracos não tinha feito seu trabalho! Assim é a ação sem consciência atenta: ela não produzirá o resultado desejado.

O objetivo de cada ação que praticamos na vida é trazer-nos para mais perto de Deus. Devemos realizar nossas ações de modo abnegado, sem o sentimento do "eu". Devemos compreender que somos capazes de agir somente por causa da graça e do poder de Deus. Isto é conhecimento (*jnana*) no contexto da ação (*karma*). Uma ação praticada com tal conhecimento e tal consciência atenta é *karma yoga*, a ioga da ação abnegada.

Quando executamos uma ação praticando a consciência atenta, esquecemo-nos de nós mesmos. A mente fica concentrada em um ponto. Nós experimentamos o êxtase. É assim que nasce a devoção. Quando envidamos um esforço com consciência atenta e devoção, nosso esforço com certeza renderá fruto. E quando obtemos o fruto dessa ação, nossa fé se torna firme. Uma fé assim é inquebrantável. Consciência atenta, devoção e fé: as ações realizadas com consciência atenta cultivam a devoção, e esta leva à fé.

A maior parte dos textos do *Sanatana Dharma* foi escrita na forma de diálogos. Eles contêm as respostas do mestre realizado às perguntas do discípulo. O discípulo tem a liberdade de fazer qualquer pergunta, até que suas dúvidas sejam completamente esclarecidas. Isso desenvolve a consciência atenta no discípulo.

O hinduísmo não é contra ninguém, nem exige que a pessoa abandone sua religião ou sua fé. De fato, ele considera um mau destruir a fé de alguém. De acordo com o *Sanatana Dharma*, todas as religiões constituem caminhos diversos para a mesma meta. Ele não nega nada. A inclusão é total. Para o hindu, não existe uma religião separada. Originalmente, esse conceito nem existia na Índia.

Qualquer que seja a religião à qual a pessoa pertença, ela deve permanecer firme em sua fé e seguir adiante na vida. Somente isso ajudará o buscador a alcançar o objetivo último. Os caminhos do *karma yoga,* do *bhakti yoga* e do *jnana yoga* podem ser seguidos por pessoas de qualquer fé religiosa, de uma forma adaptada à época atual e a seus estilos de vida.

O mar e suas ondas podem ser um pesadelo para quem não sabe nadar. Por outro lado, aqueles que sabem divertem-se nas ondas. De forma semelhante, para aqueles que absorveram os princípios da espiritualidade, a vida é cheia de bem-aventurança. Para eles, a vida é uma festa. O que precisamos é de um modo de experimentar a bem-aventurança no decorrer desta vida mesma, não após a morte. Da mesma forma que uma pessoa tem que aprender a arte da administração para ser bem sucedida nos negócios, é essencial aprender a arte da administração da vida para ser verdadeiramente feliz. O *Sanatana Dharma* é a ciência abrangente da administração da vida.

As escrituras indianas, tais como os *Upanixades*, o *Bhagavad Gita*, os *Brahma Sutras*, o *Ramayana* e o *Mahabharata*, versam sobre verdades eternas que as pessoas de todas as épocas podem apreender. Esses textos não são sectários. São obras baseadas na razão, e qualquer pessoa pode colocá-los em prática. Os textos sobre o *Sanatana Dharma* podem ser compreendidos por qualquer um, da mesma forma que os textos sobre saúde, psicologia e ciências sociais. A adoção dos princípios do *Sanatana Dharma* conduzirá à felicidade e à elevação de toda a humanidade.

ॐ

Pergunta: Por que precisamos acreditar em Deus?

Amma: É possível viver sem acreditar em um Ser Supremo. Mas para sermos capazes de seguir adiante com passos firmes e resolutos ao nos defrontarmos com uma crise, precisamos nos refugiar em Deus. Devemos estar prontos para seguir o caminho de Deus.

Uma vida sem Deus é como um julgamento em um tribunal no qual dois advogados discutem sem a presença de um juiz. O julgamento não chegará a lugar nenhum. Se eles prosseguirem sem o juiz, não poderá haver sentença.

Nós adoramos a Deus para que as qualidades divinas dentro de nós possam ser alimentadas. Mas não há realmente nenhuma necessidade da fé, se você puder desenvolver essas qualidades sem ela. Acreditemos ou não, o Ser Supremo existe como a Verdade e, quer a reconheçamos ou não, ela não pode ser diminuída.

A força gravitacional da Terra é um fato. Ela não deixará de existir somente porque não acreditamos nela. Se negarmos a existência da gravidade e saltarmos de um lugar alto, teremos que aceitar a verdade através do efeito adverso que teremos com a queda. Dar as costas a uma realidade como essa é como criar a escuridão fechando os próprios olhos. Ao reconhecer a Verdade Universal que é Deus e ao viver de acordo com essa Verdade, poderemos passar pela vida sem problemas.

ॐ

Pergunta: Qual é o princípio por trás do culto às imagens?

Amma: Os hindus não cultuam as imagens em si mesmas. Eles cultuam o Poder Supremo que permeia cada imagem. Quando um menino vê o retrato de seu pai, ele pensa no pai e não no artista que o pintou. Quando um jovem vê uma caneta ou um lenço que lhe foi dado por sua amada, ele pensa nela e não no objeto. Ele não perderá o objeto por nada nesse mundo. Para ele, aquela caneta não é uma caneta comum; aquele lenço não é um simples lenço. Nesses objetos, ele sente a mulher que ama.

Se um objeto comum pode gerar sentimentos tão poderosos em um homem ou em uma mulher apaixonada, pense em quão valiosa será uma imagem divina para o devoto, se ela o fizer pensar em Deus! Para o devoto, a imagem esculpida do Ser Supremo não é um simples fragmento de pedra, é uma encaração da Consciência Suprema.

Algumas pessoas perguntam: "O casamento não consiste simplesmente em atar um nó?" Sim, é verdade. É só atar um cordão comum ao redor do pescoço[9]. Mas pense no valor que atribuímos a esse cordão naquele momento! É um momento que lança as bases para a vida posterior. O valor dessa cerimônia não tem nada a ver com o valor do cordão, e sim com o valor total da vida. Do mesmo modo, o valor de uma imagem divina não reside no valor da pedra. Essa imagem não tem preço, seu lugar equivale ao do Pai/Mãe Universal. Qualquer pessoa que veja a imagem divina apenas como um pedaço de pedra, o faz por ignorância. Os rituais de adoração normalmente se iniciam com a resolução: "Eu adoro a Deus nesta imagem".

Para as pessoas comuns, seria difícil adorar a Consciência Suprema onipresente sem a ajuda de algum tipo de símbolo que a representasse. Uma imagem da Divindade pode ser muito útil para nutrir a devoção e para concentrar a mente. Quando nos colocamos diante da imagem, rezamos de olhos fechados. Deste modo, a imagem nos ajuda a concentrar a mente em nosso interior e a despertar a essência divina que está dentro de nós.

---

[9] Em uma cerimônia de casamento tradicional hindu, um cordão ou uma corrente com um pingente é atado em volta do pescoço da noiva. Ela o usa por toda a vida de casada, e ele simboliza o vínculo duradouro entre o marido e a esposa.

Há outro princípio importante que embasa este tipo de culto. Pingentes, brincos, colares e anéis de ouro são todos feitos do mesmo metal. Sua substância é o ouro. De modo semelhante, Deus é o substrato de tudo. Devemos ser capazes de perceber a unidade subjacente na diversidade. Seja Shiva, Vishnu ou Muruga (Subramanya)[10], devemos ter consciência da unidade subjacente a eles. Precisamos entender que todas as diferentes formas são manifestações distintas de um único Deus. Formas diversas são adotadas porque as pessoas pertencem a culturas diferentes. Assim, cada um pode selecionar a forma que preferir.

Temos que remover a sujeira e o pó do espelho antes que possamos ver com clareza nosso rosto refletido. De modo semelhante, somente quando removemos as impurezas que se assentaram em nossa mente poderemos ver Deus. Nossos ancestrais estabeleceram o culto às imagens e outras práticas como parte do *Sanatana Dharma* para purificar a mente e torná-la concentrada em um único ponto. No *Sanatana Dharma*, buscamos Deus em nosso interior e não em algum lugar externo.

---

[10] Muruga é um deus criado por Shiva para auxiliar as almas em sua evolução, especialmente pela prática da ioga. Ele é irmão de Ganesha.

Quando experienciamos Deus dentro de nós, somos capazes de ver Deus em todos os lugares.

Deus não tem interior nem exterior. Deus é a Consciência Divina que existe em todos os lugares, permeando tudo. Temos a percepção de "dentro" e "fora" somente porque temos uma identidade individual, a sensação do "eu". Atualmente, nossa mente está voltada para fora, não para dentro. A mente está apegada a muitas coisas diferentes fora de nós e à noção de "meu" em relação a essas coisas. A finalidade do culto às imagens é trazer a mente de volta para o interior e despertar a Consciência Divina que já está presente dentro de nós.

ॐ

Pergunta: Algumas pessoas criticam a fé hinduísta por sua prática de culto às imagens. Há algum fundamento nisso?

Amma: Não está claro porque alguém iria querer criticar isso. O culto às imagens pode ser encontrado em todas as religiões, de uma forma ou de outra – no cristianismo, no islamismo, no budismo etc. A única diferença está na imagem que é adorada e no modo como o culto é realizado. No cristianismo, não se oferece doces ou pétalas de flores, ao invés disso, acendem-se velas. O sacerdote cristão oferece o pão como o corpo de Cristo e o vinho como seu sangue. E, enquanto os hinduístas realizam o culto queimando cânfora, muitos cristãos queimam incenso. Os cristãos também veem a cruz como um símbolo de sacrifício e de abnegação. Eles se ajoelham diante da imagem de Cristo e oram.

No islã, as pessoas consideram Meca um lugar sagrado e se prostram em sua direção. Elas se sentam em frente à *Kaaba*, orando e contemplando as qualidades de Deus. Todas essas preces se destinam a despertar as qualidades positivas que estão presentes em nosso interior.

Em malaiala, primeiro aprendemos as consoantes simples, *ka, kha, ga, gha,* para posteriormente podermos ler as palavras com sons compostos. No inglês, começamos com o "a", "b", "c". Do mesmo modo, todas as diversas formas de adoração levam ao desenvolvimento das qualidades divinas em nosso interior.

ॐ

Pergunta: Com relação ao culto às imagens, não deveríamos adorar o escultor que fez a forma divina e não a própria escultura?

Amma: Quando você vê a bandeira do seu país, é a bandeira ou o alfaiate que você respeita? Ou talvez o tecelão que teceu o pano? Ou a pessoa que teceu o fio? Ou o fazendeiro que cultivou o algodão? Ninguém pensa nessas pessoas. Ao invés delas, lembramo-nos do país que a bandeira simboliza.

Do mesmo modo, quando vemos uma imagem divina, não é o escultor que nos vem à mente, e sim, Deus, o Divino Escultor do universo inteiro. O Ser Supremo é a fonte da qual o artista recebe a inspiração e a força para esculpir a imagem. Se podemos concordar que deve ter havido um escultor para fazer a imagem, então por que é tão difícil acreditar que este universo também pode ter sido criado por um Escultor?

Ao cultuarmos uma imagem divina, desenvolvemos a expansividade do coração, necessária para amar e respeitar todo ser vivo, inclusive o escultor da imagem. Orando e visualizando Deus na imagem, somos purificados internamente e elevados ao nível no qual vemos e cultuamos a Deus em tudo. Este é o objetivo do culto às imagens. Enquanto todos os símbolos que nos lembram do mundo material, em última instância, nos limitam e nos confinam, os símbolos que despertam nossa consciência da divindade nos levam a um estado de expansividade muito além de todos os limites. O culto às imagens nos ajuda a ver Deus em todos os lugares, em todas as coisas.

ॐ

Pergunta: Onde teve origem o culto às imagens?

Amma: Na *Satya Yuga*, a Idade da Verdade[11], Prahlada, o jovem filho do rei-demônio Hiranyakashipu, afirmou: "Deus existe até mesmo nessa coluna!", em resposta a uma pergunta feita por seu pai. Deus então saiu da coluna sob a forma de Narasimha, o Homem-leão Divino. Assim, podemos dizer que esse foi o primeiro caso de culto à imagem, pois Deus onipresente surgiu de uma coluna, fazendo com que a afirmação de Prahlada se provasse verdadeira,.

A história de Prahlada é famosa. O rei-demônio Hiranyakashipu queria dominar os três

---

[11] A *Satya Yuga* é chamada de Idade de Ouro. Há quatro *yugas* (idades ou éons). Mais detalhes no glossário.

mundos e se assegurar de que nunca morreria. Assim, ele realizou austeridades severas com o objetivo de agradar ao Senhor Brahma, o Criador. Brahma se sentiu satisfeito com suas austeridades. Ele apareceu a Hiranyakashipu e lhe ofereceu a satisfação de um desejo. O rei-demônio disse: "Meu desejo é que nenhuma criatura em sua criação me mate. Que eu não morra em terra firme nem na água, nem no céu nem na terra. Que eu não morra em um ambiente fechado nem ao ar livre. Que eu não morra durante o dia nem à noite e que eu não seja morto por um homem nem por uma mulher, nem por um ser celestial (*deva*) nem por um demônio (*asura*), nem por um ser vertebrado, seja ele humano ou animal. E que nenhuma arma possa matar-me". Brahma o abençoou dizendo: "Assim seja!", e desapareceu.

Contudo, algo mais aconteceu enquanto o rei fazia suas austeridades. Em sua ausência, os seres celestiais derrotaram os demônios em uma batalha. Indra, o rei dos seres celestiais, capturou Kayadhu, a esposa grávida de Hiranyakashipu, e a levou embora. No caminho, ele encontrou o sábio Narada. Seguindo o conselho de Narada, Indra deixou Kayadhu no eremitério do sábio e retornou para o mundo celestial. Durante o tempo em que Kayadhu permaneceu com Narada, o sábio lhe ensinou a essência do *Bhagavatam,* e o bebê que estava no útero da mãe ouviu suas palavras.

Tendo completado suas austeridades, Hiranyakashipu retornou e derrotou os *devas* em uma batalha. Em seguida, foi até a ermida do sábio e levou sua esposa de volta para o palácio. A força do desejo que lhe fora concedido anteriormente estimulou seu ego. Ele conquistou os três mundos. Transformou os *devas* em seus servos. Atormentou os sábios e os devotos e destruiu seus *yaga yajnas,* os elaborados ritos védicos sacrificiais. Além disso, determinou que ninguém tinha permissão para recitar mantras, exceto *Hiranyaya Namah* (Saudações a *Hiranya,* isto é, a ele mesmo).

No devido tempo, a esposa de Hyranyakashipu deu à luz um filho, e chamaram-no Prahlada. Como o filho se lembrava de todos os ensinamentos recebidos de Narada, cresceu como um devoto do Senhor Vishnu. Quando chegou a hora de Prahlada iniciar seus estudos, seu pai o enviou a um *gurukula*[12].

---

[12] Um eremitério com um guru vivo, no qual os discípulos moram e estudam com o guru. Na antiguidade, os *gurukulas* eram internatos onde os jovens recebiam uma educação abrangente, baseada nos *Vedas.*

Algum tempo depois, o rei estava impaciente para descobrir o que o filho havia aprendido e chamou Prahlada de volta ao palácio. Logo que Prahlada chegou, seu pai lhe perguntou o que ele havia aprendido. Prahlada disse: "O Senhor Vishnu deve ser adorado pelos nove métodos: ouvindo suas histórias, cantando suas glórias, lembrando-se dele, servindo a seus pés, adorando-o, saudando-o, sendo seu servo, sendo seu amigo e entregando-se completamente a Ele". O menino não havia aprendido isso na escola. Ouvira isso enquanto ainda estava no útero da mãe.

Quando Hiranyakashipu ouviu o filho dizer que Vishnu, seu inimigo, devia ser adorado, ele ficou tão enfurecido que ordenou aos soldados que matassem seu filho. Os soldados tentaram matar o menino de várias formas, mas falharam. Finalmente, Hiranyakashipu desistiu e mandou o filho de volta ao *gurukula* para eliminar a devoção nele. Mas, ao invés disso, as outras crianças *asuras* da escola, que ouviram os conselhos de Prahlada, também se tornaram devotas do Senhor. Quando Hiranyakashipu soube disso, ele se enfureceu de novo e perguntou ao filho: "Se há um Deus dos três mundos que não seja eu, onde está Ele?" "Deus está em todo lugar", respondeu

Prahlada. "Estará Ele nessa coluna?", vociferou Hiranyakashipu. "Sim, Ele também reside na coluna", respondeu Prahlada. Hiranyakashipu respondeu golpeando a coluna fortemente com o punho. A coluna se partiu em dois e de seu interior emergiu o feroz Narasimha, o Homem-leão Divino. Isto aconteceu durante o crepúsculo. O Senhor se sentou no umbral do palácio, colocou o rei demônio em seu colo e o matou, rasgando seu peito, usando apenas as unhas.

Desse modo, as palavras que vieram do coração inocente de Prahlada se tornaram realidade. Este foi o início do culto à imagem. Sua fé era tão forte que ele acreditava que Deus existia até em uma coluna, e tão firme era sua convicção que aquilo em que ele acreditava se transformou em uma experiência real. Devemos olhar para o princípio que embasa essa história. Deus Todo Poderoso pode assumir qualquer forma. Deus pode ter atributos ou ser sem atributos. A água salgada pode se transformar em cristais de sal, e os cristais de sal podem se transformar em água salgada.

Esta história também revela outro princípio: as limitações do ser humano. A inteligência de Deus está fora do alcance da pessoa mais inteligente e poderosa da terra. Há um limite para o que a inteligência humana pode alcançar, mas a inteligência de Deus é sem limites.

Hiranyakashipu formulou seu desejo com muito cuidado, com a intenção de evitar sua morte. Quando seu desejo foi concedido, acreditou firmemente que ninguém poderia derrotá-lo. Mas ele não conhecia Deus. Deus tem uma solução para tudo.

Nem de dia nem à noite. Solução: no crepúsculo. Nem na água, nem na terra: Deus colocou o rei-demônio no colo. Nem fora, nem dentro: Ele se sentou no umbral da porta. Nem homem, nem animal: Ele assumiu a forma de um Homem-leão. Nenhuma arma foi usada: Ele matou o rei com as unhas. Assim, Deus, sob a forma de Narasimha, matou o injusto Hiranyakashipu sem violar nenhum dos desejos concedidos por Brâman.

Deus está além do alcance da inteligência humana. Há apenas uma forma de conhecer Deus: oferecendo-se completamente e buscando refúgio aos seus pés[13] – o caminho da autoentrega total.

---

[13] Amma diz que Deus está além de qualquer definição de gênero. Entretanto, quando Amma fala, ela se refere a Deus usando o modo mais tradicional, no masculino.

Os seres humanos têm a inteligência do ego e o poder do discernimento. O discernimento (*viveka*) é inteligência pura, não tem impurezas. É como um espelho. Deus se reflete nele claramente. Mas apenas aqueles que se entregam a Deus podem romper os limites de sua inteligência humana e ultrapassá-la.

Algumas pessoas perguntam: "Você pode ver Deus com os olhos? Não acredito no que não posso ver!" Mas o ser humano é limitado em todos os sentidos. Nossos sentidos da visão e da audição são muito limitados. As pessoas não pensam nisso.

Amma tem uma pergunta. Você não pode ver a corrente elétrica em um cabo conectado. Você diria que não existe a corrente só porque não pode vê-la? Ainda assim, levará um choque se tocá-la. Essa é a experiência.

Suponha que você deixe um pássaro livre para voar e ir embora. Ele voa cada vez mais alto até que finalmente se eleva a uma altura na qual não possa mais ser visto. Diríamos que o pássaro não existe mais porque não podemos vê-lo? Qual é a lógica em se acreditar só naquilo que esteja dentro do limitado alcance de nossa visão?

Para um juiz, as afirmações de mil pessoas dizendo que não viram um crime sendo cometido não provam nada. A prova é constituída pela única pessoa que diz que testemunhou o crime. De forma semelhante, quem quer que diga que não existe Deus não prova nada. A prova é constituída pelas palavras dos santos sábios que vivenciaram Deus.

Um ateu saiu por aí sustentando que Deus não existia. Ele foi à casa de um amigo. Dentro da casa havia um belo globo terrestre. "Oh, como ele é bonito!", exclamou. "Quem o fez?" Seu amigo, que era crente, disse: "Se esse modelo artificial da Terra não podia ter sido criado sem um criador, com certeza a criação da verdadeira Terra requer um Criador!"

Diz-se que a semente contém uma árvore. Se você pegar uma semente e olhar para ela ou mordê-la, não verá a árvore. Mas tente plantá-la. Coloque nela um pouco de esforço. Logo, uma muda brotará. Falar apenas seria inútil. Temos que fazer um esforço. Somente assim colheremos a experiência.

Os cientistas têm fé nos experimentos que fazem. Podem falhar em muitas de suas tentativas, mas não desistem. Prosseguem em suas experiências na esperança de serem bem sucedidos na tentativa seguinte.

Pense em quantos anos de estudo são necessários para se tornar médico ou engenheiro. Os estudantes não reclamam que é impossível esperar tanto tempo. Eles só são vitoriosos e alcançam seus objetivos porque continuam estudando com uma atitude de entrega.

Deus não é alguém que possamos ver com nossos olhos. Deus é a causa de tudo. Se alguém pergunta o que veio primeiro, a semente da manga ou a mangueira, o que você responde? Para que a árvore nasça, é necessária uma semente, e para a semente existir, é preciso que haja antes uma árvore. Portanto, existe uma causa independente por detrás da árvore e da semente. Essa causa é Deus. Deus é a causa primordial de tudo, o Criador de tudo. Deus é tudo. O modo de conhecer Deus é cultivar as qualidades divinas dentro de nós e entregar nosso ego a Deus. Então, a divindade se tornará uma experiência própria.

Prahlada exemplifica o tipo mais elevado de devoção. Seria difícil encontrar um devoto com tanta autoentrega quanto Prahlada. Quando não somos bem sucedidos em algo que nos propomos conseguir, geralmente culpamos outra pessoa e nos retiramos. Além disso, quando surgem dificuldades na vida, geralmente nossa fé desmorona.

42

Culpamos Deus. Mas olhe para Prahlada. Os soldados de seu pai tentaram matá-lo, afogando-o, jogando-o em óleo fervente, lançando-o montanha abaixo, incendiando-o. Eles tentaram matá-lo várias vezes. Mas, em cada uma dessas ocasiões, a fé de Prahlada não vacilou nem um pouco. Por sua fé inabalável, não sofreu nenhum dano. Quando sua vida estava sendo ameaçada, ele continuava repetindo o mantra: *"Narayana! Narayana!"*. Também lhe disseram várias coisas para destruir sua fé em Deus: "Sri Hari (Vishnu) não é Deus! Ele é um ladrão! Não existe isso que chamam de Deus!" e assim por diante. Mesmo assim, Prahlada continuou repetindo o nome divino com a consciência atenta.

Na maior parte dos casos, no momento em que ouvimos alguma coisa negativa a respeito de alguém, perdemos a confiança nessa pessoa. Se algum sofrimento surge em nosso caminho, perdemos a fé. Nossa devoção é apenas uma devoção em tempo parcial. Chamamos por Deus quando precisamos de alguma coisa. Senão, nem lembramos de Deus. E se nossos desejos não forem atendidos, nossa fé desaparece. Esta é a nossa situação. Mas, apesar das dificuldades que Prahlada teve que enfrentar, ele nunca titubeou. A cada crise, sua fé se fortalecia. Quanto mais obstáculos apareciam, mais firmemente ele se apegava aos pés de Deus. Sua entrega a Deus era assim, completa. Como resultado, Prahlada se tornou um farol que proporcionou luz ao mundo inteiro. Ainda hoje, sua história e devoção derramam luz nos corações de milhares de pessoas.

Prahlada se destaca por sua devoção e por ter vivenciado a não dualidade (*advaita*). Quando uma pessoa que se entregou totalmente, como Prahlada, toca alguma coisa, esta se "torna ouro". Esse é o estado da atitude de autoentrega.

A devoção de Prahlada também levou à liberação de seu pai, Hiranyakashipu, pois morrer nas mãos de Deus é atingir a liberação. Isso significa que a identificação de Hiranyakashipu com o corpo foi removida, e ele recebeu a consciência de seu verdadeiro Ser (*Atman*). O corpo não dura para sempre. Hiranyakashipu pôde entender, através de sua própria experiência, que somente o Ser é imperecível.

Os seres humanos são verdadeiramente minúsculos. Contudo, têm orgulho de sua inteligência e de suas capacidades e criticam Deus. Deus é o princípio além de toda inteligência humana possível. O caminho para alcançar Deus é por meio de práticas espirituais, conforme prescrito pelos *rishis*, e uma dessas práticas pode ser a adoração de imagens divinas.

ॐ

Pergunta: No hinduísmo, 300 milhões de deidades são cultuadas. Há mesmo mais de um Deus?

Amma: No hinduísmo há apenas um Deus. O hinduísmo não só ensina que há um único Ser Supremo, como também declara que não existe nada no universo além desse Ser Supremo. Deus se manifesta como tudo o que existe no universo. Deus é a Consciência que a tudo permeia. Ele está além de todos os nomes e formas. Mas Ele também pode assumir qualquer forma para abençoar um devoto. Ele pode se manifestar em qualquer forma diferente e em qualquer ânimo ou estado divino. O vento pode surgir como uma brisa suave, um vento forte ou uma tempestade violenta. Qual manifestação é impossível para o Todo-Poderoso, que controla até a tempestade? Quem pode descrever Sua glória? Assim como o ar pode permanecer imóvel ou soprar como o vento, assim como a água pode se transformar em vapor ou em gelo, Deus pode assumir um estado sem atributos ou um estado com atributos. Do mesmo modo, os hindus adoram o mesmo Deus sob muitas formas e estados diferentes, tais como Shiva, Vishnu, Ganesha, Muruga, Durga, Saraswati e Kali.

O paladar varia de pessoa para pessoa. As pessoas crescem em diferentes ambientes e culturas. No *Sanatana Dharma*, as pessoas têm a liberdade de adorar a Deus sob qualquer forma ou estado que se adeque aos seus próprios gostos e desenvolvimento. É assim que as diferentes manifestações de Deus surgem no hinduísmo. Não são deuses diferentes; são aspectos diferentes do único Ser Supremo.

ॐ

Pergunta: Se Deus é onipresente, qual a necessidade de templos?

Amma: Uma característica especial do *Sanatana Dharma* é que ele desce ao nível de cada indivíduo e o eleva. As pessoas têm diferentes *samskaras*.

Cada indivíduo tem que ser guiado de acordo com suas tendências inatas. Alguns pacientes são alérgicos a determinadas injeções e precisam receber medicamentos alternativos. De modo semelhante, as características mentais e físicas específicas de cada pessoa têm que ser levadas em consideração, e devem ser prescritos métodos apropriados ao *samskara* de cada pessoa. É assim que as diferentes tradições são criadas. O caminho da devoção, o caminho da ação abnegada, a adoração do Divino com e sem atributos – todos esses caminhos se desenvolveram dessa forma. Mas todos eles compartilham o mesmo fundamento, a discriminação entre o eterno e o efêmero.

O objetivo do *archana*[14], do canto devocional e da adoração é o mesmo. O alfabeto é ensinado através do tato para uma criança cega e pela linguagem de sinais para uma criança surda. Cada pessoa tem que ser guiada de acordo com seu nível de compreensão. Os templos são necessários para elevar as pessoas comuns, trazendo o Divino para um nível físico. Não podemos ignorar ou rejeitar ninguém.

---

[14] Uma forma de culto no qual são cantados os nomes de uma deidade, habitualmente 108, 300 ou 1.000 nomes em uma sessão.

Ainda que o ar esteja em todos os lugares, nós o experimentamos de modo mais tangível perto de um ventilador, não é mesmo? Debaixo de uma árvore há um frescor especial que não é sentido em nenhum outro lugar. Você sente a presença do vento e seu frescor. Da mesma forma, quando você adora a Deus através de um instrumento (*upadhi*) que o simboliza, a presença divina pode ser sentida com mais clareza. Embora o sol brilhe em todos os lugares, em uma sala na qual as cortinas ou persianas estejam fechadas, precisaremos acender uma lâmpada para obter luz. Uma vaca está cheia de leite, mas não podemos obter leite de suas orelhas, somente de suas tetas. Deus é onipresente, mas aqueles que têm fé podem sentir sua presença com mais facilidade no templo. Para que isso aconteça, contudo, a fé é imprescindível. A fé sintoniza a mente. Embora Deus esteja presente no templo, as pessoas que carecem de fé não experienciarão essa presença. É a fé que nos dá a experiência.

Certa vez a *Amma* e alguns de seus filhos indianos estavam assistindo uma dança interpretada por casais ocidentais. Uma das filhas[15] da *Amma*

---

[15] A Mãe sempre se refere a seus discípulos e devotos como suas crianças, ou seus filhos ou filhas.

estava incomodada porque cada casal dançava de mãos dadas. "Oh não! Que tipo de dança é essa?", ela exclamou. "Um homem e uma mulher dançando tão juntos!" *Amma* perguntou a ela: "Se Shiva e Parvati fossem dançar juntos, você ficaria incomodada?" Nós veríamos o divino na dança e não teríamos problema. Quando falamos em Shiva e Parvati, há santidade, há fé. Então, essa dança seria algo elevado. Por outro lado, como não somos capazes de ver o divino nesse homem e nessa mulher em particular, seu comportamento nos incomoda. Portanto, a mente é o fator importante aqui. Se permanecemos firmemente comprometidos com o que realmente cremos, podemos experienciar Deus. A fé é a base.

Os lugares de culto, nos quais inúmeras pessoas oram com a mente convergindo para o mesmo foco, têm uma qualidade exclusiva, que não é encontrada em outros lugares. Um bar ou uma adega não têm o mesmo ambiente que um escritório. O ambiente de um templo não é igual ao de um bar. No bar, perdemos a saúde mental; no templo, nós a ganhamos. Os lugares de culto estão impregnados com vibrações de pensamentos positivos. Isso ajuda a mente em conflito a recuperar a sensação de paz e calma. O ar em uma fábrica de perfumes é especial, impregnado com uma fragrância maravilhosa, enquanto o ar de uma fábrica de produtos químicos é completamente diferente. O ambiente cheio de devoção e as vibrações sagradas do templo nos ajuda a concentrar a mente e a despertar o amor e a devoção em nosso interior. Um templo é como um espelho. No espelho, podemos ver claramente a sujeira em nosso rosto, o que nos ajuda limpá-lo. De forma semelhante, prestar culto em um templo nos ajuda a purificar o coração.

O culto no templo é a primeira etapa do culto a Deus. O templo e a imagem que ali está instalada nos permitem adorar a Deus de um modo pessoal e estabelecer um vínculo com Ele. Mas, precisamos desenvolver gradualmente a capacidade de ver a Consciência Divina em todos os lugares. Isso se torna possível quando a adoração no templo é feita de modo apropriado. Esta é a verdadeira meta do culto no templo.

Mostramos gravuras de diferentes tipos de pássaros para as crianças e dizemos: "Este é um papagaio, este é um mainá". Quando as crianças são maiores, não necessitam mais das gravuras para identificar os pássaros. As gravuras foram necessárias somente no início.

Na verdade, tudo é Deus. Não há nada para ser excluído.

A escadaria e o segundo andar de uma casa são construídos com o mesmo tipo de tijolos e de cimento, mas isso se torna claro apenas quando a pessoa chega ao andar de cima. E precisamos dos degraus para chegar ali. Isso ilustra os benefícios dos templos.

Há um ditado que diz que você pode nascer em um templo, mas não deve morrer nele. Podemos fazer do templo um instrumento para nossa busca de Deus, mas não devemos nos apegar a ele. Somente a liberação de todos os apegos nos tornará completamente livres. Não devemos pensar que Deus existe apenas nas imagens do templo. Tudo é permeado pela consciência, pela Consciência Suprema. Nada é inerte. Por meio do culto, conseguimos a predisposição mental para perceber tudo como a essência de Deus, e para amar e servir a tudo. Esta é a atitude de profunda aceitação com relação a todos. Precisamos nos dar conta de que nós mesmos e tudo à nossa volta é Deus. Devemos desenvolver a atitude de ver o todo como sendo um, de ver o todo como sendo nós mesmos. O que vamos odiar, quando

vemos tudo como Deus? O templo e seus rituais destinam-se a guiar-nos para esse estado.

O oceano e as ondas parecem diferentes, mas ambos são água. Pulseiras, colares, anéis e tornozeleiras parecem diferentes e são usados em partes diversas do corpo, mas na realidade todos são ouro. A partir da perspectiva do ouro, todos são o mesmo, não há diferença. Somente são diferentes quando os olhamos a partir de um ponto de vista exterior. Do mesmo modo, os objetos ao nosso redor podem parecer que são diferentes, mas, na realidade, são todos o mesmo objeto. Eles são Brâman, a Realidade Absoluta. Existe somente Isso. O objetivo da vida humana é compreender isso, experienciar isso. Quando você alcançar essa compreensão, seus problemas desaparecerão completamente, da mesma forma que a escuridão desaparece quando o Sol nasce.

Atualmente, os cientistas dizem que tudo é energia. Os *rishis* deram um passo a mais e declararam que tudo é consciência, a Consciência Suprema. *Sarvam brahmamayam* – "Tudo é Brâman, o Ser Supremo" – essa foi a experiência dos próprios *rishis*.

Mas, para compreender isso, temos que transcender a ideia de que Deus reside apenas

nas imagens do templo. Devemos ser capazes de ver o Supremo em tudo. Para conseguir isso, temos que realizar as adorações no templo com a compreensão desse princípio. Na realidade, o que estamos adorando é o Ser que reside dentro de nós mesmos. Como é difícil para a maioria das pessoas compreender essa idéia, projetamos o Princípio Supremo em uma imagem, como um espelho, e o adoramos ali. Enquanto realizamos o culto no templo, devemos construir um templo em nosso interior. Então, poderemos ver Deus em todos os lugares. Portanto, essa é a finalidade do culto no templo. De fato, é o que fazemos quando nos colocamos de pé diante do santuário: olhamos rapidamente a imagem e, em seguida, fechamos os olhos. Vemos em nosso interior a imagem de Deus, que acabamos de ver externamente no santuário do templo, e depois esperamos abrir os olhos e ver Deus em tudo. Dessa forma, podemos transcender todas as formas e experienciar o Ser onipresente.

Para muitos de nós, adorar a Deus é uma atividade em tempo parcial. O que precisamos é de devoção em tempo integral. A oração para o cumprimento de um desejo em particular é devoção em tempo parcial. O que precisamos é de amor e devoção a Deus, que conduzem ao Amor Supremo. Nosso único desejo deve ser amar a Deus. Isso é tudo que devemos pedir. Devemos estar sempre concentrados em Deus. Devemos ver Deus em tudo. Foi Deus que nos deu o poder de orar. Se o poder de Deus estivesse ausente, não poderíamos nem mesmo levantar um dedo. Devoção em tempo integral é estar constantemente consciente de que Deus é o que nos faz fazer todas as coisas. Desse modo, podemos descartar o sentido de "eu", que está arraigado no plano do corpo-mente-intelecto, e experienciar a nós mesmos como a Consciência que a tudo permeia.

O grande poeta Kalidasa entrou no templo sagrado e fechou a porta. A Mãe Divina veio e bateu à porta. Quando esta não abriu, Ela perguntou: "Quem está aí dentro?" Imediatamente veio a resposta: "Quem está aí fora?" Novamente Ela disse: "Quem está aí dentro?" E a mesma resposta foi dada: "Quem está aí fora?" Finalmente, a Mãe Divina respondeu: "Kali está fora!" E a resposta veio: "*Dasa* (o servo) está dentro!"

Embora fosse questionado repetidamente, ele não revelou quem estava dentro. Ele nunca disse o próprio nome. Somente depois que lhe foi dito: "Kali está fora", foi que ele disse, "O servo está dentro". Nesse momento, ele recebeu uma visão completa de Kali. Quando perdemos o "eu", tudo o que resta é "Tu, Deus". É preciso descartar a insignificante identidade "eu". A verdadeira devoção é a consciência de que "Tu és tudo! Tu nos fazes fazer tudo!" Desse modo, alcançamos tudo, depois disso não há mais nada para ser obtido.

Deus nos deu a visão. Deus não precisa da luz da lamparina, que custa dez rúpias para acender! Deus não tem nada a ganhar de nós. Quando nos refugiamos em Deus, somos nós que ganhamos com isso. O dinheiro que oferecemos no templo simboliza nossa autoentrega, ele nos ajuda a cultivar a atitude de entrega. Além disso, quando acendemos uma lamparina com óleo ou manteiga clarificada, a fumaça da chama purifica o ambiente. Não devemos fazer uma oferenda apenas para realizar um desejo. Não devemos olhar para Deus como alguém que aceita subornos!

Nem a melhor das sementes germinará se permanecer em nossas mãos. Temos que soltar as sementes e plantá-las na terra. Somente com a entrega nós colheremos o benefício. De forma semelhante, temos que abandonar a atitude de "Isso é meu", ou de "Meu desejo precisa ser atendido". Precisamos desenvolver a atitude de "Tudo é somente Teu. Seja feita a Tua vontade!" Somente com tal entrega, nossa devoção será completa.

Muitas pessoas acham que entrega significa que só conseguiremos resultados se dermos algo a Deus. Mas não devemos entender a entrega assim. Atualmente, ainda estamos no nível da mente e do intelecto. "Eu sou esse corpo. Sou o filho ou a filha de fulano e beltrana. Meu nome é tal e tal". Temos que descartar esses atributos que adicionamos ao "eu".

O ego é a única coisa que nós mesmos criamos, e é a ele que temos que renunciar. Temos que entregar o ego a Deus. Quando entregamos o ego, fica somente o que Deus criou. Então, nos tornamos uma flauta em seus lábios divinos ou o som de sua concha. Para nos elevarmos ao nível de expansividade, tudo o que temos que fazer é nos livrarmos da mente individual, que é nossa própria criação. Uma vez que tenhamos desistido do "eu" e do "meu", não há indivíduo limitado, há apenas Aquilo que a tudo permeia.

Uma semente não germinará se for jogada sobre uma rocha. É preciso plantá-la na terra. De modo semelhante, se quisermos colher o verdadeiro benefício de nossas ações e esforços, temos que nos livrar de nosso ego. Devemos cultivar a atitude de entrega. Então, com a graça de Deus, qualquer coisa pode acontecer.

É nossa mente que devemos entregar a Deus. Mas, não podemos simplesmente tirar a mente e oferecê-la. Então, oferecemos as coisas às quais ela está apegada, e isso equivale a entregar a mente. Algumas pessoas gostam de *payasam* (um prato de arroz doce), então, oferecem *payasam* a Deus. E, mais tarde, quando o *payasam* é distribuído como *prasad* (uma bênção consagrada) entre as crianças pobres, ele serve a outra finalidade. A mente se apega com mais resistência à riqueza. Para libertá-la desse apego, oferecemos dinheiro no templo. Também oferecemos flores. Mas o que realmente devemos oferecer a Deus são as flores de nossos corações. Oferecer o coração é a verdadeira entrega, a verdadeira devoção. Isso é o que simboliza a oferenda de flores.

Ao invés de apenas exigir: "Dê-me isso e aquilo!", devemos também ansiar pelas qualidades divinas de Deus como o amor, a compaixão e a paz interior. Repita um mantra, pratique boas ações e reze pela graça de Deus. Deus lhe dará tudo o que você precisa. Não é preciso pedir por algo específico.

Adore a Deus com amor. Deus está ciente de todos os desejos de nossas mentes. Não pense que Deus só conhecerá todas as coisas se nós lhe dissermos. Você tem que contar tudo para um advogado ou um médico, de forma que o advogado possa defender sua causa de modo eficaz, ou de forma que o médico possa fazer o diagnóstico correto e lhe receitar o tratamento apropriado. Mas, Deus conhece tudo, mesmo se não dissermos nada. Deus é onisciente. Ainda assim, quando nossos corações estão pesados, não há nada de errado em abrir nossos corações para Ele, diminuindo nossas cargas. Mas temos que entender que isso é só o início. Pouco a pouco, temos que aprender a adorar a Deus de modo abnegado, sem expectativas. Então, quando orarmos por nós mesmos, estaremos pedindo apenas amor e devoção a Deus. Quando a única finalidade de nossa devoção é a de sermos preenchidos cada vez mais pelo amor e devoção, também recebemos tudo aquilo que precisamos. Além de nos beneficiarmos espiritualmente e nos desenvolvemos no caminho espiritual, nós nos beneficiamos materialmente. Somente através do supremo amor inocente e da devoção podemos experienciar Deus. Devemos orar para nos tornarmos um com Deus. Então, sua graça fluirá para nós automaticamente e seremos preenchidos pelas qualidades divinas.

No templo, tente manter a mente completamente concentrada em Deus. Percorra o caminho ao redor do templo repetindo um mantra. Quando em pé, diante do altar para o *darshan*[16], feche os olhos e visualize a forma divina com concentração e medite sobre ela.

Entretanto, não é suficiente apenas ir ao templo e fazer adorações. Também devemos reservar algum tempo em casa para a meditação sobre Deus. Cante seu mantra o máximo possível. Desse modo, se adquire poder espiritual. Se juntarmos a água que flui através dos diferentes afluentes de um rio e a fizermos fluir por um único leito, ela se transformará em uma grande força. Podemos até obter eletricidade a partir dela. De modo semelhante, o poder da mente é desperdiçado em uma multidão de pensamentos, mas se concentrarmos a mente em apenas um pensamento, ela se tornará uma grande potência. Se a pessoa comum é como um poste ao longo de uma linha de energia elétrica, a pessoa que pratica austeridades espirituais é como um transformador de energia.

---

[16] Audiência ou visão da divindade ou de uma pessoa santa.

Precisamos compreender os princípios básicos do culto. Ao invés de pensar que há numerosas deidades diferentes, devemos vê-las todas como diversas formas do mesmo Deus.

Hoje, um número cada vez maior de pessoas visita os templos. Mas é duvidoso que a cultura espiritual e a compreensão das pessoas estejam realmente se desenvolvendo na mesma proporção. Isto acontece porque praticamente não há nenhum sistema nos templos para explicar nossa herança cultural. O resultado é que as pessoas consideram o templo como um meio para realizar seus desejos. Hoje em dia, quando aqueles que vão ao templo fecham os olhos em oração, são seus desejos que eles visualizam claramente. Amma não quer dizer que não se deve ter nenhum desejo, mas quando a mente está cheia de desejos, você não pode experienciar paz. Algumas pessoas vão ao templo porque temem correr algum perigo se não adorarem a Deus. Mas Deus é nosso protetor em todos os sentidos. O que ganhamos com a adoração adequada é a libertação completa do medo.

Atualmente, os cultos nos templos não passa de uma imitação. O culto não é feito com a compreensão dos princípios em que ele se baseia. O filho acompanha o pai ao templo. O pai anda ao redor do altar. O filho faz o mesmo, ele copia tudo o que o pai faz. O filho cresce e leva seu próprio filho ao templo. O que aconteceu antes se repete. Se perguntarmos a eles por que fazem tudo isso, eles não têm resposta. E nos templos, atualmente, não há nada organizado para explicar-lhes os princípios subjacentes.

Um homem realizava o *puja* (culto ritual) todos os dias no templo da família. Um dia, ele preparou tudo, e ao iniciar o ritual, seu gato entrou no templo e bebeu todo o leite destinado ao *puja*. No dia seguinte, quando ele se preparava para o *puja*, colocou um cesto em cima do gato. Somente quando o *puja* acabou é que ele libertou o gato[17].

Tornou-se um hábito daquele homem colocar o gato embaixo do cesto todos os dias antes de iniciar o *puja*. Os anos se passaram dessa forma. Quando ele morreu, seu filho assumiu o *puja* familiar. Ele prosseguiu com o ritual de colocar um cesto em cima do gato. Um dia, ele preparou tudo para o *puja* e procurou o gato, mas não conseguiu encontrá-lo. Ele descobriu que o gato havia

---

[17] Deus, naturalmente, também está presente nesse gato. Mas quando adoramos a Deus de uma forma particular, a pureza exterior é importante, porque a pureza exterior leva à pureza interior.

morrido. O filho não perdeu tempo. Pegou um gato na casa do vizinho e o colocou embaixo do cesto, e somente então iniciou o *puja*!

O filho nunca perguntou ao pai porque colocava o gato embaixo do cesto. Simplesmente imitava a prática, sem procurar saber o motivo pelo qual o fazia. Hoje em dia, a maior parte das pessoas realiza os rituais da mesma maneira. Nunca tentam conhecer os princípios que servem de base aos rituais. Apenas repetem o que os outros fizeram antes deles. Qualquer que seja nossa religião, devemos tentar aprender os motivos que embasam os diferentes rituais. É isso que precisa ser feito agora. Se fizermos isso, nenhum ritual sem sentido sobreviverá. Se tais rituais ainda forem praticados, poderemos conscientemente eliminá-los.

Os templos devem instituir um sistema para explicar a espiritualidade e os princípios que embasam suas práticas. Os templos devem se tornar centros que estimulam a cultura espiritual nas pessoas. Desse modo, poderemos reivindicar nossa herança maravilhosa.

ॐ

Pergunta: Qual é a necessidade de se fazer várias oferendas no templo?

Amma: Deus não precisa de nada de nós. O que falta ao Senhor do Universo? Por que o Sol precisaria de uma vela?

A verdadeira oferenda a Deus é viver a vida com consciência dos princípios espirituais. Comer e dormir apenas segundo nossas necessidades; falar somente quando necessário; falar de uma forma que não fira a ninguém; não perder tempo inutilmente; cuidar dos idosos e falar com eles de forma amorosa; ajudar as crianças a adquirir uma boa educação; na ausência de um trabalho regular, aprender um trabalho que possa ser executado em casa e dedicar parte dos rendimentos para ajudar os pobres – todas essas são formas diferentes de oração. Quando trazemos a consciência adequada para cada pensamento, palavra e ação, a própria vida se transforma em adoração. Essa é, realmente, a verdadeira oferenda a Deus. Mas a maior parte das pessoas é incapaz de perceber isso, porque não compreende as escrituras corretamente. Hoje em dia, há poucas oportunidades para aprender sobre o *Sanatana Dharma*. Há muitos templos, e muitas pessoas trabalhando neles, mas medidas precisam ser tomadas para que o conhecimento da cultura possa ser transmitido às pessoas. Isso beneficiaria grandemente as pessoas. Podemos ver os efeitos dessa deficiência na sociedade atual.

É bom derramarmos lágrimas por Deus quando oramos, quaisquer que sejam nossos objetivos. Isso nos levará ao bem maior. Um bebê pode não ser capaz de dizer "papai" corretamente, mas o pai compreenderá o que a criança quer dizer. Ele sabe que o erro do bebê se deve à ignorância. Deus nos ouve, não importa o modo pelo qual oremos. Deus olha somente para os nossos corações. Ele não pode dar as costas às nossas preces sinceras.

Quando se fala em oferendas no templo, imediatamente nos vem à mente o *payasam* e outras coisas que oferecemos à deidade durante o *puja*. Algumas pessoas perguntam: "Como podemos oferecer doces a Deus enquanto os pobres passam fome?" Mas, na verdade, não vemos nenhuma deidade consumindo o *payasam*. Somos nós que o consumimos depois. Os devotos compartilham o *payasam* que é oferecido no templo. Assim, os pobres e as crianças, todos podem usufruir da comida. A satisfação deles é o que nos abençoa. Embora nós mesmos apreciemos o *payasam*, nossos corações se expandem quando o compartilhamos com os outros. Obtemos alegria quando nosso coração se expande. Essa é a verdadeira graça que recebemos quando fazemos oferendas no templo.

Tudo o que fazemos é para obter a graça de Deus. Portanto, devemos fazer tudo como uma oferenda a Ele. O agricultor ora antes de semear as sementes, porque há sempre uma limitação ao esforço humano. Para uma ação ser verdadeiramente completa, e para que ela renda frutos, é necessária a graça de Deus. O arroz é plantado; cresce e produz uma safra. Mas se houver uma enchente um pouco antes da colheita, tudo estará perdido. Qualquer que seja a ação, é a graça divina que a torna completa. É por esse motivo que nossos ancestrais transmitiam a tradição de primeiro entregar tudo a Deus, e só então agir. Mesmo quando comemos, o primeiro pedaço é ofertado a Deus. Essa é a atitude que significa entregar e compartilhar. Desse modo, adotamos a atitude de considerar a vida não como nossa, mas como algo a ser compartilhado com os demais. É também um processo de entrega, qualquer que seja a coisa à qual a mente esteja apegada.

Se nos perguntamos quais são nossos apegos, a maior parte de nós conhece a resposta. Noventa por cento de nossos apegos são à riqueza. Quando o patrimônio familiar é dividido, não hesitamos em arrastar até nossas mães ao tribunal, se nossa parte da terra tiver dez coqueiros a menos do que a de nossos irmãos. Antes de um indiano casar--se, o histórico familiar da noiva é considerado, assim como as fortunas da família dela. Exceções a isso são raras, podem ser contadas nos dedos. Portanto, o dinheiro constitui o maior apego da mente, e não é fácil desapegar a mente dele. Um modo simples de conseguir o desapego é dedicar a mente a Deus. Quando oferecemos nossa mente a Deus, ela é purificada. Oferecemos as coisas que nos são caras a Deus como um modo de entregar a mente.

Alguns dizem que Krishna gostava muito de *payasam*. Mas Krishna é a própria doçura! A doçura do amor. Como gostamos de *payasam,* o oferecemos a Krishna e acreditamos que ele realmente o aprecia. Mas é uma oferenda de algo que nós apreciamos. Em essência, o Senhor é amor. Ele se deleita com o *payasam* de nossos corações, com nosso amor.

Um devoto comprou muitas uvas, maçãs e diferentes tipos de doces, e os colocou em seu aposento de *puja* como uma oferenda ao Senhor. "Senhor", ele disse, "veja quantas coisas eu lhe trouxe: maçãs, uvas e doces! O Senhor está satisfeito?"

Então ele ouviu uma voz: "Não, essas não são as coisas que me satisfazem."

"Oh, Senhor, diga-me o que lhe agrada! Eu as comprarei para o Senhor."

"Há uma flor chamada de flor da mente. Isso é o que eu quero."

"Onde posso encontrá-la?"

"Na casa mais próxima."

O devoto foi direto à porta da casa mais próxima, mas os vizinhos nada sabiam a respeito dessa flor. Ele foi a todas as casas no vilarejo. Todos deram a mesma resposta: "Nunca vimos nem ouvimos falar sobre essa flor". Finalmente, o devoto retornou ao Senhor, prostrado, e disse: "Senhor, por favor, perdoe-me! Procurei em todos os lugares, mas não pude encontrar a flor que o Senhor deseja. Tenho apenas meu coração para oferecer-lhe!"

"Essa foi a flor que eu lhe pedi, a flor de sua mente. Até agora, tudo o que você me ofereceu foam coisas criadas por meu poder. Sem a ajuda do meu poder, você não pode nem mesmo levantar sua mão. Tudo no mundo é minha criação. Mas há uma coisa que você criou: a atitude do 'eu' (o ego). É isso que você deve me entregar. Sua mente inocente é a flor que eu prefiro acima de todas as coisas".

Quando apreendemos os princípios divinos, as qualidades de Deus se manifestam em nós. Amma se lembra dos velhos tempos. Antes de fazer uma peregrinação a Sabarimala, os aldeões faziam mingau de arroz e um caril de vegetais especial e alimentavam a todos que apareciam. Antes de colocarem na cabeça a bagagem especial da peregrinação, distribuíam várias moedas às crianças. Quando fazemos os outros felizes, doando comida suntuosa aos pobres ou dinheiro para que as crianças comprem balas, por exemplo, a doação retorna a nós na forma de satisfação. A gentileza amorosa que demonstramos retorna a nós como graça.

Talvez você se pergunte por que se deve oferecer flores a Deus. Mas isso não é apenas um ritual; há também um aspecto prático. Muitas pessoas cultivam flores para oferecer a Deus. Esse cultivo proporciona a subsistência a todos os que colhem as flores e aos que as vendem. Ele também dá satisfação a todos aqueles que compram as flores e as oferecem à Divindade. Portanto, as flores que desabrocham hoje e murcham amanhã estão proporcionando a subsistência de muitas pessoas, e aqueles que as compram e as oferecem em adoração recebem satisfação. Além disso, essas plantas são cuidadosamente conservadas na natureza. Temos que olhar a utilidade de tudo desta maneira. Podemos perguntar: não é melhor oferecer uma guirlanda de tecido do que uma de flores? Essas guirlandas também são boas, e mantêm muitas pessoas empregadas. Mas tais guirlandas não perecem rapidamente. As flores de verdade desabrocham hoje, murcham e caem amanhã. desse modo, podemos fazer o maior uso possível delas.

A oferenda em dinheiro que fazemos ao templo não é um suborno, ela simboliza nosso amor por Deus. Dar algo a alguém que amamos é a face do amor. Quando o amor é manifestado externamente, ele se torna gentileza amorosa. Amamos a Deus, mas somente quando oferecemos algo a Deus, esse amor é transformado em compaixão para o mundo. Somente os que fazem isso recebem a graça de Deus.

Em geral, obedecemos ao que a pessoa que mais amamos diz. Um jovem ouviu, da mulher que ama, um pedido para que ele parasse de fumar. Se ele a ama sinceramente, ele parará com esse mau hábito. Isso é amor. Por outro lado, se ele discute com ela e quer saber por que deveria obedecê-la, então não há um amor real presente. No amor não há dois indivíduos. Amma tem visto muitas pessoas desistirem de maus hábitos dessa forma. Eles dizem: "Ela não quer que eu beba! Ela não gosta das roupas que eu visto!" Alguns podem achar que é uma fraqueza ajustar-se às pessoas a quem se ama. Mas, no amor, isto não é uma fraqueza. Você não pode usufruir do amor, se a razão e a lógica entram nele. No amor, há apenas o amor em si, não há espaço para a lógica.

Aqueles que amam a Deus sinceramente desistem dos maus hábitos. Eles não fazem nada que Deus não gostaria. Ou, se cometem um erro, fazem o máximo possível para não repeti-lo. Eles poupam o dinheiro que antes desperdiçavam com maus hábitos e usam-no para ajudar as pessoas carentes, porque servir ao pobre é o modo real de adorar a Deus. Eles limitam o próprio uso de supérfluos, e utilizam o dinheiro poupado desta forma para servir aos pobres. Eles adquirem o hábito de limitar o consumo a somente o necessário. Eles abdicam do desejo de acumular riquezas; desistem de pensamentos em ficar ricos explorando os outros. Assim, eles mantêm o equilíbrio e a harmonia na sociedade.

O que precisamos não é de ginástica lógica, mas de bom senso prático. Isso beneficia a todos. Há um ditado que diz que contar mentiras causa cegueira. Nosso intelecto sabe que, se isso fosse verdade, haveria apenas cegos na terra. Mas quando dizemos a uma criança que mentir causa cegueira, ela para de mentir por causa do medo. Suponha que você diga a uma criança assistindo televisão: "Venha cá, criança. Nós lhe daremos a imortalidade!" A criança recusará a oferta, dizendo que está satisfeita assistindo à TV. Mas se ela ouvir: "Corra! A casa está pegando fogo!", ela correrá pela porta afora em um instante. Estas palavras irão colocá-la em ação. Isto não tem nada a ver com o intelecto, as palavras são simplesmente práticas. Muitas práticas podem parecer sem sentido ou supersticiosas, mas quando as examinamos de modo mais sutil, podemos ver que obtemos muitos benefícios práticos junto a elas. A mente é muito limitada, sem discernimento e infantil, e essas práticas guiam a mente na direção certa.

Uma criança em fase de amamentação não pode digerir carne, ela ficaria doente. Só podemos dar ao bebê comidas simples. Precisamos ir ao nível de cada pessoa e fornecer-lhe a orientação apropriada. As coisas devem ser explicadas de um modo que seja adequado à constituição física, mental e intelectual de cada um. No *Sanatana Dharma*, os ensinamentos são expressos de modos apropriados para cada tipo de pessoa. Este é o motivo pelo qual algumas coisas no *Sanatana Dharma* podem parecer não refinadas ou mesmo grotescas para algumas pessoas. Mas se as examinarmos com lógica, veremos o quão práticas elas são. Não seria errado dizer que a praticidade constitui a base do *Sanatana Dharma*.

ॐ

Pergunta: As imagens nos templos são adornadas com jóias caras. Como esses luxos podem ser compatíveis com devoção e espiritualidade?

Amma: O ouro e a prata usados para adornar as imagens de Deus não pertencem a um indivíduo em particular, e sim à sociedade como um todo. Essa riqueza permanece no templo. A maior parte de nós não compra jóias de ouro e as guarda em casa? Apreciar a beleza faz parte de nossa natureza.

Gostamos das coisas bonitas. Este é o motivo pelo qual as pessoas usam jóias e roupas coloridas. Mas esta atração pelas coisas externas causa escravidão, ela reforça a noção de que somos o corpo. Se, em lugar dela, nossa atração pela beleza for direcionada para Deus, ela nos elevará. Quando adornamos a imagem de Deus, conseguimos usufruir de uma beleza que é divina. Desse modo, nossas mentes ficam concentradas em Deus. Mesmo sem adornos, Deus é a quintessência da beleza. Mas, normalmente, somos capazes de usufruir dessa beleza somente por meio de determinados símbolos ou acessórios limitadores. Portanto, adornamos essas imagens de Deus de acordo com o modo pelo qual imaginamos o divino.

Nos tempos antigos, o rei era o soberano do país inteiro. Mas Deus é o governante do universo inteiro. As pessoas olhavam Deus do mesmo modo que viam o rei. Elas acreditavam que, da mesma forma que o rei fornecia tudo que seus súditos precisavam, Deus fornecia tudo o que o universo precisava. Elas pensavam em Deus como o Rei dos reis. Assim, adornavam as imagens de Deus, as imagens dos templos, no modo da realeza, e encontravam alegria nessa beleza.

Um pote de ouro não precisa de nenhum adorno. Deus não precisa de nenhuma decoração. Deus é a Beleza de toda as belezas. Mesmo assim, adornar uma imagem divina e olhar para essa linda imagem enche alguns devotos de alegria, e uma atmosfera positiva é criada em seus corações. Os adornos cultivam a devoção no interior dessas pessoas.

O esforço para ver a beleza nos objetos externos permanecerá até que a pessoa atinja o estado de *jivanmukta*[18]. As pessoas buscam a beleza em todos os lugares. As mulheres querem ser as mais formosas, e os homens, os mais bonitos. Como Deus é a beleza perfeita, o que há de errado no desejo de ver Deus (ou a imagem de Deus) da forma mais bonita? Deus é a Consciência que a tudo permeia. Os devotos sabem que Deus está em toda parte, no interior e no exterior. Ainda assim, sendo devotos, naturalmente desejam ver essa forma cativante com seus próprios olhos e usufruir dessa beleza.

"Seus lábios são doces, sua face é doce, seus olhos são doces, seu sorriso é doce, seu coração é doce, seu andar é doce – tudo sobre o Senhor

---

[18] O estado de autorrealização ou de iluminação, que é atingido enquanto a pessoa ainda está viva.

de Mathura[19] é doce[20]!" Assim o devoto vê beleza em tudo que se relaciona a Deus e tenta usufruir dessa beleza por meio de todos os sentidos: da forma de Deus por meio dos olhos, de sua divina canção por meio dos ouvidos, de seu *prasad* por meio da língua, de sua fragrância, pelo nariz, e dos unguentos especiais (por exemplo, pasta de sândalo) pelo tato. Assim, cada um dos sentidos pode ser usado para concentrar a mente completamente em Deus.

Deus é perfeitamente completo, seja na forma de um rei ou de um mendigo. Adornamos Deus segundo nossa imaginação, isso é tudo. Deus não pode ser confinado aos nossos conceitos muito limitados. Nem falta nada a Deus. Não faz nenhuma diferença para Deus se adornamos sua imagem ou não. Nenhuma das coisas caras oferecidas pelos devotos o afeta de forma alguma. São apenas ornamentos, meras decorações para satisfazer o devoto.

Amma lembra a história de Sri Rama neste contexto. Foi decidido que Rama seria coroado

---

[19] O Senhor de *Mathura* refere-se a Krishna. *Mathura* era a capital do reino que Krishna recuperara de seu perverso tio *Kamsa* e restaurara para o governo de seu avô.

[20] *Madhurashtakam*, por Sri Sankaracharya.

príncipe regente. As preparações para a cerimônia já estavam em andamento. Mas, subitamente,
pediram a ele que fosse para o exílio na floresta, e
ele iniciou sua jornada sem qualquer mudança de
emoção. Se ele quisesse, poderia reinado – o povo
estava todo de seu lado – mas, mesmo assim, ele
partiu e nunca lamentou sua decisão, porque não
era apegado a nada. É esse desapego que devemos
adquirir adorando a Deus.

O ladrão que for preso estará cercado pela
polícia. O primeiro-ministro também está rodeado
pela polícia. Mas no caso do primeiro-ministro,
a polícia está sob o controle dele. Se ele não
quiser que a polícia esteja lá, ele pode mandá-la
embora. O ladrão, por outro lado, tem medo da
polícia e está sob o controle dela. Deus é como
o primeiro-ministro. Tudo está sob seu controle,
independentemente da forma que assuma. Quando Deus se manifesta na Terra como diferentes
encarnações, essas encarnações se comportam
como seres humanos porque desejam ser exem-
plos vivos para o mundo. Mas isso não as vincula
de nenhuma forma. Elas são como manteiga na
água. São como amendoim maduro na casca. Não
estão apegadas a nada, e nada pode aderir a elas.

ॐ

Pergunta: Existe uma prática de oferecer substâncias como mel e manteiga clarificada no fogo durante um *homa* (ritual do fogo sagrado), para conseguir a graça de Deus. É certo desperdiçar coisas dessa forma? Dizem que muitos materiais caros são oferecidos no fogo. Qual é o ponto de vista da Amma a respeito disso?

Amma: Amma não aprova a oferenda de materiais caros no fogo. Se isso tiver sido feito, pode ter sido para remover o apego da mente a esses materiais. Mesmo assim, é melhor dar essas coisas do que jogá-las no fogo. Isso beneficiaria o pobre, e pareceria mais lógico para a Amma.

Entretanto, há significados sutis envolvidos em um *homa*. É o ego que está sendo oferecido a Deus. O ego é uma criação da mente, e o *homa* simboliza a entrega da mente a Deus. Oferecemos no fogo os materiais que simbolizam nossos sentidos, porque nossos sentidos constituem a escravidão ou os apegos da mente. Para receber a graça de Deus, não é necessário realizar um ritual no qual ofereçamos vários objetos ao fogo. Realizar boas ações é tudo o que é necessário. É suficiente amar e servir aos outros. A graça de Deus virá àqueles que tenham essa atitude.

Por outro lado, os materiais oferecidos no fogo do *homa,* na realidade, não estão sendo desperdiçados. Cerimônias como o *homa* foram estabelecidas na parte dos Vedas que trata de rituais. Alguns dos benefícios desses rituais foram comprovados cientificamente. O *homa* beneficia a natureza. Quando ingredientes como manteiga clarificada, coco, mel, sementes de gergelim, capim *karuka* e outros são oferecidos ao fogo, a fumaça gerada tem o poder de purificar a atmosfera. Ela desinfeta sem o uso de produtos químicos venenosos. As pessoas que inalam a fumaça perfumada do *homa* também são beneficiadas.

Nossos ancestrais na antiguidade começavam o fogo esfregando pedaços especiais de madeira um contra o outro. Isso não poluía o ar da forma que os fósforos poluem. Ao acender o fogo no crepúsculo, sentar-se ao lado dele em uma postura confortável e executar o *homa*, nós adquirimos concentração da mente. Nossos pensamentos diminuem. A tensão mental se reduz. Sentando-se próximo ao fogo, o corpo transpira, e as impurezas do corpo são eliminadas. Nós inalamos a

fragrância da manteiga clarificada e do coco incandescentes, e isso é bom para nossa saúde. Simultaneamente a atmosfera está sendo purificada. Cada prática e cada ritual prescrito por nossos ancestrais destina-se não apenas à purificação interna, mas à manutenção da harmonia da natureza. Nenhuma das ações prescritas causava poluição.

Nos tempos antigos, era costume na maioria das casas acender uma lamparina a óleo no crepúsculo. Acender um pavio colocado no óleo em uma lamparina de bronze ajuda a purificar a atmosfera. Quando criança, Amma observava como a fumaça dessas lamparinas era colhida em uma tigela. As mulheres misturavam a fuligem dessa fumaça com suco de limão, e quando nascia uma criança, a mistura era aplicada nos olhos do nenê. Isso destrói os organismos por baixo das pálpebras sem nenhum efeito colateral prejudicial. Essa fumaça é muito diferente da fumaça de uma lamparina a querosene.

Muitos dos costumes seguidos antigamente beneficiavam a natureza. No passado, quando as crianças eram vacinadas, as mães aplicavam esterco de vaca no ponto da injeção, para fazê-lo curar rapidamente. Se fôssemos aplicar esterco de vaca hoje, a ferida se infeccionaria. Isso mostra o quanto o esterco da vaca ficou impuro. O remédio do passado, hoje se tornou um veneno. Naqueles tempos, produtos químicos não eram usados na agricultura; somente folhas e esterco de vaca eram usados como fertilizantes. Hoje, porém, muitos agricultores utilizam fertilizantes e inseticidas tóxicos. O feno dessas fazendas alimenta as vacas, e o esterco dessas vacas, consequentemente, é tóxico. Seria perigoso tocar uma ferida com esse esterco. Isso mostra o quanto a natureza está poluída.

Amma não ignora o fato de que pode haver um ganho econômico com o uso de fertilizantes químicos. Com esses produtos químicos, teremos melhores colheitas, temporariamente. Contudo, por outro lado, eles estão nos matando. Podemos argumentar que maiores colheitas constituem uma solução para a fome, mas nos esquecemos do importante fato de que, como as pessoas consomem vegetais e grãos cultivados com esses fertilizantes tóxicos, inúmeras células em seus corpos perecem.

Não levamos a picada de uma pequena agulha muito a sério, mas se formos continuamente picados, isso pode nos levar à morte. A consequência das substâncias tóxicas entrando em nossos corpos é semelhante a isso. Cada uma de nossas células está a caminho da morte. Somente quando cairmos mortos, compreenderemos a seriedade do problema. Por meio do alimento, da água e do ar, consumimos inúmeros venenos. Eles nos fazem adoecer e nos conduzem mais rapidamente para a morte.

Não compreendemos que muitas coisas que são feitas hoje em nome da higiene têm efeitos negativos. As pessoas usam produtos químicos de limpeza para desinfetar suas casas. Mas, até mesmo inalar muitos desses produtos é prejudicial à saúde. Eles também matam microorganismos benéficos. Por outro lado, quando realizamos um *homa*, os materiais oferecidos ao fogo matam os germes e purificam o ar. Nenhum desses materiais tem efeitos prejudiciais.

Atualmente, utilizamos produtos químicos venenosos para matar formigas. Esses pesticidas prejudicam não apenas as formigas, mas também nossas próprias células. Mas, quando inalamos o ar perfumado que sai do fogo do *homa*, as células em nossos corpos ficam refrescadas e mais sadias. Ele beneficia não apenas os seres humanos, mas também outros seres vivos e a natureza.

No passado, as pessoas usavam óleo de castor como laxante, que não era prejudicial, de modo algum. Hoje, muitos usam várias pílulas como laxantes. Essas substâncias atuam como laxantes, mas ao mesmo tempo destroem muitas bactérias benéficas no corpo e podem ter outros efeitos colaterais. Apesar de saber disso, muitos acham conveniente depender desses laxantes. As pessoas tendem a considerar apenas o que parece mais conveniente no momento e preferem ignorar as consequências futuras.

Antigamente, as pessoas executavam toda ação à luz de uma perspectiva geral com relação à natureza. O *homa* teve início a partir dessa perspectiva. Amma não quer dizer que todo mundo deve começar a executar *homas*. É suficiente utilizar esse dinheiro para atividades de caridade. Além disso, plante dez novas árvores! Isso beneficiará o ambiente e ajudará a preservar a natureza.

ॐ

Pergunta: Há algum benefício nas canções devocionais, preces, mantras etc.? Ao invés disso, não seria melhor usarmos esse tempo para fazer algo de útil para o mundo?

Amma: Muitas pessoas cantam músicas sensuais. Se nós lhes disséssemos: "Qual a utilidade de cantar? Vocês não deveriam estar fazendo algo de útil para o mundo, em vez disso?" O que elas responderiam? Não é verdade que somente aqueles que experimentam o benefício de algo podem entendê-lo? As pessoas gostam de ouvir músicas comuns. Quando o devoto escuta o nome do Senhor, ele esquece tudo o mais e fica absorto no divino. As músicas comuns são agradáveis porque tratam das emoções da mente e dos relacionamentos mundanos. Os ouvintes ficam absortos nesses sentimentos e desfrutam deles. Mas quando as músicas devocionais e orações são cantadas, tanto os que cantam quanto os que ouvem experimentam paz.

Músicas como de gêneros como as de discoteca despertam várias ondas emocionais. Ouvir músicas sensuais desperta o ânimo de amante e de amado e provoca pensamentos e sentimentos associados. As canções devocionais, por outro lado, lembram nosso relacionamento com Deus. Qualidades divinas são despertadas, em vez das emoções mundanas. As emoções são aquietadas, e isso dá paz tanto aos que cantam quanto aos que ouvem.

A Amma não repudia músicas comuns. Muitas pessoas as apreciam. Há diferentes tipos de pessoas no mundo. Tudo tem certa relevância, no nível de cada indivíduo. Por isso, a Amma não rejeita nada.

Quando cantamos as glórias de Deus, não visamos somente o estado de autorrealização; também há outros benefícios. As canções devocionais e orações geram vibrações positivas dentro de nós e à nossa volta. Não há espaço para qualquer raiva ou negatividade, há somente um sentimento que converte a todos em amigos. Através da oração, um processo de contemplação acontece na mente do devoto. Uma criança repete uma palavra dez vezes, fixa-a na memória e a planta firmemente no coração. Da mesma forma, quando cantamos canções devocionais, quando repetidamente cantamos as glórias de Deus, elas criam raízes em nossos corações, e nossas vidas se enriquecem.

Cantar músicas devocionais deixa nossa mente alegre. É repousante para a mente. Para experimentar isso de forma completa, temos que desenvolver a atitude: "Não sou nada. O Senhor é tudo!" Essa é a verdadeira oração. Não é fácil desenvolver essa atitude. O Sol tem que surgir para que a escuridão desapareça. Somente com o surgir do conhecimento é que esse estado mental desabrochará plenamente. Não temos que esperar até então, apenas temos que cultivar a disposição mental correta e seguir em frente.

Não devemos esquecer que Deus é a nossa força. Nem mesmo nossa próxima respiração está sob nosso controle. Podemos começar a descer as escadas e dizer: "Já estou chegando" –todavia, há casos em que as pessoas sucumbem a um ataque cardíaco antes mesmo de terminarem a frase. Portanto, temos que desenvolver a atitude de que somos apenas instrumentos nas mãos de Deus. Não devemos orar ou cantar músicas devocionais só para ter nossos desejos realizados. Há muitos que pensam que a oração é um meio para o ganho pessoal. O objetivo da oração é despertar, no interior, qualidades positivas e boas vibrações.

Se as pessoas viverem somente para satisfazer seus desejos, os roubos, assassinatos e estupros aumentarão. Como existe a polícia, e as pessoas temem a polícia, há algum limite para o crime na sociedade. Mas é o amor que ajuda as pessoas a realmente permanecerem no caminho correto – o amor e a devoção a Deus. Essa é a forma prática de manter a harmonia na sociedade. A oração acompanhada de pensamentos positivos produz boas vibrações. A prece acompanhada de pensamentos negativos produz más vibrações. As vibrações em torno da pessoa que está orando dependerão da natureza de sua oração. Se o indivíduo reza para prejudicar um adversário, fica cheio de vibrações de raiva, e o que o mundo receberá dessa pessoa será raiva. Portanto, as vibrações que emanam para o mundo a partir de um indivíduo que reza correspondem à atitude que tem em sua oração.

Quando uma pessoa pensa em sua mãe, cônjuge ou filho, tem emoções diferentes. Quando se lembra da mãe, o amor e a afeição filiais enchem seu coração. Pensamentos a respeito do cônjuge podem trazer sentimentos e emoções conjugais sobre o compartilhar de corações. Ao pensar nos filhos, a pessoa sente o amor paternal. Todos esses sentimentos residem no coração e despertam vibrações diferentes. Como as vibrações dependem do estado mental, devemos nos certificar de que nossas orações sejam sempre acompanhadas de pensamentos positivos. Somente assim nossas orações serão benéficas para nós e para a sociedade como um todo. A oração acompanhada de bons pensamentos, sem qualquer sentimento de raiva ou vingança, não só remove a tensão, mas também cria um ambiente positivo interno e externo.

Os pensamentos são como um vírus contagioso. Se você se aproximar de uma pessoa com febre, você poderá pegar a doença, porque os germes podem passar para você. Se você for a um lugar onde o perfume é envasado, seu corpo ficará impregnado com a fragrância. Da mesma forma, há vibrações sutis criadas onde quer que a glória de Deus seja cantada. Essas vibrações se espalharão por nossa aura, mas nossos corações têm que se abrir para que isso aconteça. Somente então poderemos usufruir delas e seremos energizados. Se a mente tem uma atitude negativa, não seremos beneficiados.

Mesmo em um ambiente espiritual, os interesses das pessoas frequentemente são limitados ao plano dos sentidos. É por isso que algumas pessoas não recebem a graça dos mestres espirituais dos quais se aproximam e os quais podem conferir bênçãos a elas até mentalmente. Um sapo que vive debaixo de uma flor de lótus não está consciente da flor, nem pode usufruir de seu aroma. Mesmo ao redor do úbere cheio de leite, os mosquitos são atraídos apenas pelo sangue.

Algumas pessoas não conseguem ver as mudanças que ocorrem naqueles que praticam ensinamentos espirituais. Veem somente defeitos em tudo. Há aqueles que criticam o hinduísmo e destacam os sacrifícios animais que eram praticados em certa época, em nome da religião. Ao ouvi-los, parece que o hinduísmo consiste apenas em sacrifício de animais! No passado, quando se pedia que sacrificassem o animal dentro de si mesmos (o ego), havia pessoas que, por ignorância, ofereciam animais vivos como sacrifício. Mas, hoje em dia, não vemos pessoas que afirmam conhecer a verdade e realizam sacrifícios humanos em todo o mundo? Pense em quantos estão sendo mortos em nome da religião e da política! Declaramos estar acima de nossos ancestrais, quando, na verdade, não estamos. O progresso ascendente que manifestamos está, na verdade, nos levando a uma queda. Para compreender isso, precisamos ver a perspectiva completa da situação, temos que ver a partir do ponto de vista de um pássaro pois, se olharmos de um plano baixo, veremos apenas um lado muito limitado.

A maioria das pessoas se afilia a um partido político. Elas podem ser atraídas ao partido por causa das vidas dos líderes e de seu idealismo e sacrifícios. Tendo adotado esses ideais, podem começar um trabalhar pelo partido. Entretanto, seria ainda melhor se tivessem adotado ideais espirituais, pois em tais princípios não há raiva nem vingança e nenhum egoísmo. Onde poderemos encontrar ideais mais elevados do que os do *Bhagavad Gita*?

Alguns talvez indaguem: "Krishna não diz no *Gita* que temos que entregar tudo e trabalhar sem remuneração?" Mas quase ninguém questiona por que o Senhor disse isso. Se as sementes são plantadas, elas podem brotar ou não. Se não há chuva, você pode cavar poços e conseguir água para a irrigação, mas por mais que você tente, não pode dizer com certeza como será a colheita. Um pouco antes da colheita, uma grande tempestade ou uma inundação poderá destruir toda a plantação. Essa é a natureza do mundo. Se pudermos aceitar isso, poderemos viver sem sofrimento. É por isso que Krishna disse: "Execute o seu trabalho. O resultado está nas mãos de Deus. Não se preocupe com o resultado!" Por maior que seja nosso esforço, a graça de Deus também é necessária para se obter os frutos apropriados de nossas ações. Foi isso que ele ensinou, não que não devemos pedir ou receber remuneração por nosso trabalho.

Se você acredita sinceramente que, em vez de cantar as glórias do Senhor, orar e recitar seus nomes, é suficiente praticar ações que beneficiem o mundo, então elas realmente serão suficientes. Deus não é uma pessoa sentada no céu. Deus está em todo lugar. O Criador e a criação não são duas coisas diferentes. O ouro e a corrente de ouro não são diferentes - há ouro na corrente e a corrente é ouro. Deus está dentro de nós, e nós estamos em Deus. Na verdade, a melhor coisa é ver Deus em todos os seres humanos e adorá-los. Mas a mente tem que aceitar essa atitude cem por cento. É muito difícil executar as ações de um modo completamente desinteressado. O egoísmo surgirá sem que o percebamos, e então não receberemos o benefício completo dessa ação desinteressada.

As pessoas talvez digam: "Não vamos diferenciar patrões e empregados. Vamos ter igualdade!" Mas quantos patrões estão desejando incluir os empregados em sua própria classe social? O líder que fala sobre os direitos dos trabalhadores estaria querendo ceder sua cadeira para um seguidor? O altruísmo tem a ver com ações, não com palavras. Mas isso não acontece de um dia para o outro, é necessário prática constante. Precisamos lembrar-nos de preencher cada respiração com bons pensamentos. Devemos tentar cultivar boas atitudes. Quando fazemos isso, nossa respiração cria boas vibrações no ambiente. Com frequência ouvimos que as fábricas poluem o ar, mas existe um veneno ainda maior dentro do ser humano, é o ego. Isso deve ser temido acima de tudo. O canto devocional e as orações ajudam a purificar as mentes que carregam tal veneno.

É difícil deter uma vaca correndo atrás dela. Se, em vez disso, mostramos a ela alguma comida que ela goste e a chamamos, ela vem até nós, e então é fácil prendê-la. Da mesma forma, cantar um mantra nos ajudará a colocar a mente sob controle.

Embora sejamos um com o Criador, no momento, nossas mentes não estão sob nosso controle, portanto, não temos consciência dessa unicidade. Precisamos assumir o controle da mente da mesma forma que usamos o controle remoto de um aparelho de televisão para selecionar o canal desejado. Hoje em dia, nossas mentes estão correndo atrás de muitas coisas diferentes. Cantar os nomes divinos é uma forma fácil de trazer de volta a mente voluntariosa e fazê-la concentrar-se em Deus.

Por meio da prática espiritual, a mente desenvolve a habilidade de se adaptar a qualquer situação. As pessoas tendem a ser tensas. Repetir o mantra é um exercício que remove nossa tensão. Antigamente, as crianças usavam sementes para aprender a contar. Usando as sementes, elas praticavam: "um, dois, três etc." Posteriormente, conseguiam contar sem o auxílio das sementes. Quando uma pessoa esquecida vai fazer compras, ela leva uma lista. Quando os itens já foram comprados, a lista pode ser jogada fora. Da mesma forma, estamos agora em um estado de esquecimento. Não estamos despertos. A repetição do mantra e outras práticas espirituais são necessárias até que ocorra o despertar.

Assim como existem regras para tudo, existem certas regras para a meditação e as demais práticas espirituais. Qualquer pessoa pode cantar músicas comuns, mas sem treinamento musical não se pode dar um concerto de música clássica. Existem regras para se tocar em um concerto. De modo semelhante, precisamos de algum treinamento para meditar com sucesso. A meditação é muito prática, mas podem surgir problemas, se não houver um cuidado em fazê-la de forma produtiva.

Um tônico saudável é bom para o corpo. Mas se, em vez de tomar a dose prescrita de uma colher de chá, você toma o frasco todo, ele poderá prejudicá-lo; se tomar duas colheres em vez das cinco prescritas, tampouco será útil. É preciso ater-se à dosagem prescrita. Igualmente, você deve meditar de acordo com as orientações de seu mestre espiritual. Há algumas práticas espirituais que não são adequadas para todos. Se tais práticas forem realizadas pela pessoa errada, podem gerar dificuldade para dormir, podem até tornar a pessoa violenta e causar certos transtornos físicos. Portanto, pode ser perigoso, se não houver cuidado. Entretanto, tais problemas não existem ao se cantar canções devocionais, recitar mantras ou rezar. Qualquer um pode realizar essas práticas com segurança. Com a meditação, é necessário mais cuidado. Para a meditação, o aspirante precisa da ajuda do mestre. Uma espaçonave pode decolar da terra e vencer a força da gravidade, mas muitas vezes ela precisa de um segundo foguete, um foguete de impulso, que será acionado a fim de ajustar o seu curso e continuar sua viagem. De forma semelhante, o impulso da orientação do mestre é essencial para o progresso na jornada espiritual.

Cada um de nós tem o poder de ser Deus ou demônio. Podemos ser Krishna ou Jarasandha[21].

---

[21] Jarasandha era um rei poderoso, mas injusto, que governava o reino de Magadha no tempo de Krishna. Ele subjugou mais de uma centena de reinos. Foi derrotado várias vezes nas muitas batalhas que travou contra Krishna. Mais tarde, Bhima, seguindo os conselhos de Krishna, matou Jarasandha em uma luta.

Ambas as características estão dentro de nós: amor e ódio. Nossa natureza será determinada por qual dessas qualidades escolhemos alimentar. Portanto, precisamos cultivar bons pensamentos, livres de qualquer estado de raiva, e uma mente clara, livre de conflitos. Por meio da oração e da repetição de um mantra, podemos remover as negatividades de nossas mentes e esquecer completamente as coisas não essenciais. Normalmente, esquecemo--nos das coisas quando estamos inconscientes e, quando retomamos nossa consciência, lembramo--nos delas novamente. Isso traz de volta nossa tensão. Mas o que acontece por meio das práticas espirituais é diferente pois, na prática espiritual, esquecemo-nos do que não é desejável enquanto permanecemos plenamente despertos.

Colando um cartaz com três palavras em uma parede, que diz: "Proibido colar cartazes", podemos evitar centenas de palavras. É verdade que nosso próprio aviso também é um cartaz, mas ele serve a um propósito maior. Cantar um mantra é semelhante. Ao cantarmos um mantra, reduzimos o número de pensamentos. Quando outros pensamentos são mantidos afastados, a tensão que normalmente surge por causa deles é removida. Pelo menos, enquanto recitamos, a mente está calma, não há raiva ou negatividade. A mente é purificada. O egoísmo diminui, e obtemos expansividade da mente. Também criamos boas vibrações na natureza.

Se a água que flui por muitos canais é direcionada para um único canal, podemos usá-la para produzir energia elétrica. Por meio da repetição de mantras e da meditação, podemos controlar o poder da mente, o qual ficaria perdido em uma multidão de pensamentos. Dessa forma, podemos preservar e aumentar nossa energia.

Um carregador de malas faz uma faculdade e se torna cientista. O cientista ainda usa a mesma cabeça que anteriormente carregava malas. Mas a habilidade do carregador é a mesma do cientista? Se um carregador de malas pode se tornar um cientista, por que uma pessoa comum não pode ser capaz de desabrochar como um ser espiritual? Isso é possível por meio da prática espiritual, de uma atitude de altruísmo e de bons pensamentos. Pode-se acumular uma grande dose de poder espiritual por meio da concentração mental. O poder adquirido por meio da recitação do mantra poderá ser usado de forma que beneficie o mundo. Não existe egoísmo nisso. O mundo só recebe boas palavras e boas ações de tais pessoas.

Todas as práticas espirituais são feitas para desenvolver em nós o desejo de nos dedicarmos ao mundo. Mas a Amma está pronta a adorar os pés daqueles que não têm a inclinação de praticar qualquer disciplina espiritual, mas que, apesar disso, estão dispostos a dedicar suas vidas ao mundo. O benefício obtido por meio da oração também pode ser conquistado através do serviço desinteressado. No altruísmo, estamos completos. Nesse estado, o indivíduo limitado desaparece.

ॐ

Pergunta: Algumas pessoas choram quando oram. Não será um sinal de fraqueza? Simplesmente não perdemos energia quando choramos dessa forma?

Amma: Derramar lágrimas enquanto se ora não é fraqueza. Quando choramos por coisas comuns é como um pedaço de lenha pegando fogo inutilmente. Contudo, quando choramos em oração, é como se usássemos a lenha em chamas para preparar o *payasam*, ela nos dá doçura. À medida que uma vela se queima, seu brilho aumenta. Quando derramamos lágrimas por coisas materiais, talvez as lágrimas possam aliviar o peso em nossos corações, mas não devemos desperdiçar nosso tempo chorando a respeito do que já se foi ou pelo que ainda está por vir. "Meu filho estudará com afinco suficiente e será aprovado nos exames?" "Veja o que aquelas pessoas fizeram comigo!" "O que dirão os vizinhos?" Sentar e chorar por essas coisas pode ser considerado uma fraqueza. Só levará à depressão e a outros distúrbios mentais. Entretanto, quando abrimos nossos corações e oramos a Deus, sentimos paz e serenidade mental.

Quando oramos por causa de nosso anseio por Deus, qualidades positivas são alimentadas em nós. A oração sincera, na qual choramos por Deus, estabiliza e concentra a mente, que fica focada em um só ponto. Em vez de perder, ganhamos energia por meio dessa concentração. Embora Deus esteja dentro de nós, nossas mentes não estão concentradas nele. Chorar enquanto rezamos é uma forma de concentrar a mente em Deus.

Quando uma criança pequena diz que está com fome, a mãe talvez não responda imediatamente. Mas o que acontece quando a criança começa a chorar? A mãe vem correndo, pronta para pegá-la no colo e alimentá-la. De forma semelhante, verter lágrimas enquanto se ora é uma boa forma de obter controle sobre a mente. Certamente não é uma fraqueza.

Um buscador no caminho da auto-investigação afirma: "Não sou a mente, o intelecto, ou o corpo; não sou o mérito, nem o demérito, sou o puro Ser". Esse processo de negação é feito com a mente. Para aqueles que não estudaram meditação, ioga ou as escrituras, um modo fácil de controlar a mente é contar tudo a Deus com o coração aberto, chorar e orar pela realização da verdade. Essa também é uma forma de negação porque, em vez de dizer: "Eu não sou isso, eu não sou aquilo", estamos dizendo a Deus, "o Senhor é tudo".

Algumas pessoas gostam de ler sem falar. Outros têm que ler em voz alta para compreender as palavras. Há aqueles que gostam de cantar alto, enquanto outros desfrutam do cantarolar baixinho. Cada pessoa escolhe o que mais lhe convém. Seria errado classificar qualquer dessas escolhas como fraqueza. É uma questão de escolha pessoal. Apenas isso.

Deus está dentro de você, mas sua mente não está sintonizada com esse fato. Digamos que há um pote na sua frente. Mesmo que seus olhos estejam abertos, se sua mente estiver em outro lugar, você não será capaz de ver o pote. Se sua mente não estiver presente, ão conseguirá ouvir uma pessoa falando. Da mesma forma, embora Deus esteja dentro de nós, não o conhecemos, porque nossas mentes não estão concentradas em nosso interior. Não estamos olhando para dentro. Normalmente, a mente está atrelada a várias coisas. Temos que trazer a mente de volta e concentrá-la em Deus. Dessa forma, podemos cultivar as qualidades de Deus dentro de nós, qualidades tais como amor, compaixão e visão equânime. Devemos desenvolver essas qualidades no nosso interior e à nossa volta, de forma que os demais sejam beneficiados. A prece tem o mesmo efeito.

Um dos filhos da Amma disse: "Eu não gosto de rezar. Para que serve a oração?" Amma respondeu: "Deixe a Amma lhe perguntar uma coisa. Digamos que esteja apaixonado. Você não gostaria de falar com a sua amada? Não apreciaria isso? Para o devoto, a oração é assim. Para o devoto, Deus é tudo. E se alguém desaprovasse sua conversa com a sua amada, como você reagiria? Você se importaria com a opinião da pessoa? A sua afirmação sobre a oração é como a crítica dessa pessoa. O amor que sentimos por Deus não é um amor comum. É algo extremamente sagrado".

O amor e a devoção por Deus não podem ser comparados com qualquer relação amorosa comum. Um homem anseia pelo amor de uma mulher, e uma mulher anseia pelo amor de um homem. Nesse amor, eles desfrutam um do outro, mas não experimentam completude ou perfeição, porque ambos são pedintes. A oração do devoto a Deus é diferente. O devoto ora pela graça de desenvolver as qualidades de Deus em seu interior e a amplitude mental de ver e amar a todos como Deus. O devoto compartilha os sentimentos de seu coração com Deus com esse propósito. Ele não só alimenta as qualidades divinas internamente, mas também transforma sua vida em algo que beneficie os outros. A pessoa comum compartilha seus sentimentos com muitos outros, ela anseia ser amada pelos outros. Mas a devota divide seu coração somente com o Deus interno, orando: "Que eu seja como o Senhor! Dê-me a força para amar todos os seres e a força para perdoar!"

O canto devocional é o deleite absoluto do coração do devoto, é a sua forma de satisfação. As pessoas em geral encontram prazer nas coisas externas, contudo a satisfação interna é diferente e não é prejudicial. Quando você a experimentar, não procurará mais as satisfações externas. Se você tem uma comida deliciosa em casa, vai procurar comida em outro lugar? Na oração, procuramos um lugar de descanso interior. Isso não é como uma vela que precisa ser acesa com ajuda externa, é uma luz que brilha espontaneamente. É um caminho no qual descobrimos a luz que brilha em nosso interior.

No mundo material, as pessoas buscam a satisfação por meio do desejo. Mas é a oração que conduz à paz mental. Você pode experimentar um pouco de paz a partir do mundo material, mas ela nunca é permanente. Se as pessoas que você ama o ignoram, você fica triste. Se uma pessoa não quer conversar, a outra fica triste. As criaturas buscam a felicidade, mas quando não são bem sucedidas na busca, a consequência é mais infelicidade. Quando compartilhamos nossos sofrimentos com os outros, eles respondem contando seus próprios sofrimentos. Vamos até uma pessoa em busca de consolo e voltamos carregados com duas vezes mais sofrimento! Como a aranha que constrói sua teia e depois morre dentro dela, aqueles que têm esses apegos acabam aprisionados por eles. É igual à pequena cobra tentando engolir um grande sapo! Para se libertar dessa condição, é preciso desenvolver a atitude de testemunha. Esse também é o objetivo da oração.

Havia duas vizinhas. O marido de uma delas morreu. Em seu pesar, ela chorava alto. A outra aproximou-se para consolá-la, dizendo: "Quem está livre da morte? Se não acontecer hoje, acontecerá amanhã. A corrente elétrica não é destruída, mesmo que a lâmpada não funcione. Da mesma forma, o Ser não pode ser destruído, mesmo que o corpo pereça". Com palavras assim, ela consolou a mulher que chorava. Depois de algum tempo, o filho da segunda mulher faleceu. Ela chorava descontroladamente. A viúva se aproximou e disse para a mulher enlutada: "Você não me consolou quando meu marido morreu? Lembra-se do que me disse naquela época?" Porém, não importava o que a viúva dissesse, ela não conseguia fazer a enlutada parar de chorar. A mulher que perdera o filho estava completamente identificada com sua própria dor. No entanto, quando a vizinha perdera o marido, ela fora capaz de colocar-se de fora e olhar para a situação de sua amiga como uma testemunha - e tinha sido capaz de consolá-la, de dar-lhe força.

Sempre que nos identificamos com algo que está acontecendo conosco, nosso sofrimento aumenta. Mas quando vemos uma situação do ponto de vista da testemunha, nossa força interior aumenta. Lemos a respeito de um acidente de avião no jornal. Se nossos filhos ou parentes estivessem naquele voo, não seríamos capazes de ler uma linha por causa do sofrimento. Se não houver possibilidade de nossos entes queridos estarem naquele avião, nossos olhos casualmente acabarão de ler a história e, em seguida, vaguearão para a notícia seguinte.

É possível sofrer nos relacionamentos mundanos. Se o amor de uma pessoa diminui, a outra pessoa pode ficar furiosa. A razão é que o relacionamento está baseado em fantasias e esperanças, em desejos e expectativas. Mas quando choramos por Deus, é completamente diferente, porque não esperamos nada em retribuição por nosso amor. Todavia, recebemos tudo desse amor sem expectativas. Na oração verdadeira, dizemos: "Deus, dê-nos suas qualidades e sua força para praticar o serviço desinteressado!"

Pedimos com frequência às crianças de escola para que escrevam várias vezes um fato ou uma passagem de forma que a memorizem. Se elas escreverem uma lição esquecida dez vezes, não a esquecerão novamente; a lição fica firmemente fixada em suas memórias. Da mesma forma, quando contemplamos as qualidades divinas repetidamente durante nossas orações, estamos tornando essas qualidades nossas, nós as estamos fixando em nossas consciências. O devoto que desperta essas qualidades dentro de si não fica limitado por elas, mas se eleva a um estado além de todas as qualidades. Aquele que está além de todas as qualidades não é aprisionado por nada. Essa pessoa permanece como testemunha. Ao alimentar as qualidades divinas dentro de nós, esquecemo-nos de nós mesmos e somos capazes de amar e ajudar os outros. Então, o indivíduo limitado não está mais ali. É um estado além de todas as qualidades.

ॐ

Pergunta: Algumas pessoas dizem que o *Shiva Linga* [22] é obsceno. Há algum fundamento nisso?

Amma: Meus filhos, as pessoas falam dessa forma somente porque não entendem o princípio por trás

---

[22] Uma pedra oval alongada, o princípio da criatividade, frequentemente adorado como um símbolo do Senhor Shiva

do *Shiva Linga*. Cada indivíduo vê o bem ou o mal, de acordo com suas próprias tendências internas.

Toda religião e toda organização têm seus próprios símbolos e emblemas. O tecido do qual é feita a bandeira de um país ou de um partido político pode custar menos de dez rúpias, mas pense no valor que é dado à bandeira! Naquele símbolo, as pessoas veem seu país ou seu partido. Para os militantes do partido, a bandeira simboliza os ideais do partido. Se alguém cuspisse naquele tecido ou o rasgasse em pedaços dizendo que não vale mais do que dez rúpias, haveria um sério conflito. Quando você vê uma bandeira, não pensa no tecido com o qual ela foi confeccionada. Não pensa no adubo usado para fertilizar o algodão plantado, e no quanto ele deve ter cheirado mal. Naquela bandeira, você vê somente os ideais do país ou do partido político que ela representa.

Para os filhos cristãos da Amma, a cruz é um símbolo de sacrifício. Quando oramos diante da cruz, não pensamos no fato de que ela era o instrumento usado para crucificar criminosos. Nós a vemos como símbolo do sacrifício e da compaixão de Cristo. Quando os filhos muçulmanos da Amma se prostram na direção de Meca, eles estão pensando nas qualidades divinas.

Não podemos entender por que algumas pessoas ridicularizam e insultam os símbolos divinos e as imagens da fé hinduísta. O *Shiva linga* não é o símbolo de uma religião em particular. De fato, representa um princípio científico.

Muitos símbolos são usados na matemática e na ciência, como os sinais de multiplicação e divisão, por exemplo. Pessoas de todas as religiões e países não os utilizam? Ninguém pergunta a que religião o inventor daqueles símbolos pertenceu. Ninguém os rejeita com base nela. Todo mundo que quer aprender matemática aceita esses símbolos. Da mesma forma, ninguém que realmente entenda o princípio por trás do *Shiva Linga* o rejeitará.

Meus filhos, o significado da palavra "*linga*" é "o local da dissolução". O universo surge do *linga* e no final se dissolve nele. Os *rishis* da antiguidade procuraram a origem do universo e, por meio das austeridades que praticaram, descobriram que Brâman, a Realidade Absoluta, é a Fonte e o Suporte de tudo. Brâman não pode ser descrito em palavras. Não se pode apontar para Brâman. O princípio e o fim de tudo residem em Isso. Brâman, a morada de todos os atributos e qualidades, é destituído de atributos e qualidades ou de forma.

Como pode o sem atributos ser descrito? Somente algo que tem atributos pode ser apreendido pela mente e pelos sentidos. Nesse contexto difícil, os sábios encontraram um símbolo que representa aquele estágio inicial entre Brâman e a Criação: o *Shiva linga*. Ele significa a criação do universo a partir de Brâman. O *Shiva Linga* é o símbolo usado pelos *rishis* para revelar a verdade que eles experienciaram, de uma forma que as pessoas comuns pudessem compreender. Precisamos entender que a Realidade Suprema sem atributos está além de um nome, de uma forma e de uma individualidade, mas que as pessoas precisam meditar e adorar essa Realidade Suprema de uma forma acessível. Os *rishis* aceitaram o *Shiva Linga* como um símbolo científico a ser usado dessa maneira.

Os cientistas que usam raios que não podem ser vistos a olho nu servem-se de símbolos para descrevê-los para os outros. Quando ouvimos falar de raios-X, sabemos que eles são certo tipo de radiação. Da mesma forma, quando vemos o *Shiva Linga*, entendemos que é Brâman sem atributos, representado em seu aspecto com atributos.

A palavra "*shiva*" significa "auspicioso". A auspiciosidade não tem uma forma. Ao adorar o *Shiva Linga*, que é um símbolo de auspiciosidade, o devoto recebe aquilo que é auspicioso. A auspiciosidade não estabelece distinções, como entre castas. Quem adora o *linga*, com consciência do princípio por trás dele, será beneficiado.

Meus filhos, no início da criação, o Princípio Último se separou entre *prakriti* e *purusha*[23]. Com o termo *prakriti*, os *rishis* queriam dizer o universo que podemos conhecer e experienciar. Apesar de *purusha* normalmente significar "masculino", não é o que significa neste contexto. *Purusha* é a consciência do Ser. *Prakriti* e *purusha* não são dois, são um. Como o fogo e seu poder de queimar, eles não podem ser separados. Quando o termo "*purusha*" é mencionado, aqueles que não estudaram espiritualidade pensam em "masculino". Este é o motivo pelo qual foi atribuído ao Ser Supremo, que é pura Consciência, a forma masculina e lhe foi dado o nome de *Shiva*. E *prakriti* foi pensado como "feminino" e recebeu os nomes de *Shakti* e *Devi*.

Cada movimento tem um substrato imóvel oculto, do mesmo modo que o pilão funciona na base imóvel de uma tigela. *Shiva* é o princípio imóvel na base de cada movimento no universo, enquanto *Shakti* é o Poder, que é a causa de todo

---

[23] Consciência que habita o interior do corpo; Consciência/Existência Universal pura, sem mácula.

movimento. O *Shiva Linga* é o símbolo da unidade de *Shiva* e *Shakti*. Quando meditamos sobre este símbolo com concentração, essa Verdade Última é despertada em nosso interior.

Também devemos considerar por que foi dada essa forma ao *Shiva Linga*. Os cientistas atualmente dizem que o universo tem o formato de um ovo. Na Índia, por milhares de anos, o universo foi chamado de *Brahmandam*, significando "o grande ovo". Brâman significa o maior absoluto. O *Shiva Linga* é um microcosmo desse vasto ovo cósmico. Quando cultuamos o *Shiva Linga* estamos, de fato, cultuando o universo inteiro como a Forma Auspiciosa e como a Consciência Divina. Este não é o culto de um Deus que se senta em algum lugar além do céu. Isto nos ensina que qualquer serviço altruísta prestado ao universo, incluindo todos os seres vivos, é culto a Shiva.

Atualmente, nossa condição é a de um filhote de pássaro, sentado dentro da casca de ovo do ego. O filhote só pode sonhar com a liberdade dos céus, mas não pode experimentá-la. Para experimentar essa liberdade, o ovo tem que eclodir no calor que emana do corpo do pássaro-mãe. De forma semelhante, para que possamos usufruir do êxtase do Ser, a casca do ego tem que se romper. O *Shiva*

111

Linga com formato de ovo desperta a consciência desta verdade no aspirante.

Nós recitamos: "*Akasha linga pahi mam, atma linga pahi mam,*" etc. O significado literal das palavras é: "*Linga* do céu, proteja-me, *Linga* do Ser, proteja-me". O significado real das frases é: "Que Deus, que a tudo permeia, como o céu, me proteja; que o Ser Supremo, que é minha própria natureza real, me proteja!"

Portanto, o significado de *linga* não é "falo", pois nem mesmo os tolos rezariam para os órgãos sexuais de um homem pedindo proteção!

Meus filhos, qual é a vantagem em se ridicularizar e atribuir um significado que não existe a um símbolo divino que, durante eras, milhões de pessoas usaram para a elevação de suas almas? Isso causa apenas revolta e conflito.

Os *Puranas*[24] dizem que o Senhor Shiva queimou Kama, o deus da luxúria, no fogo de seu terceiro olho. Hoje consideramos que as coisas materiais são reais, duradouras e que nos pertencem. Concentramo-nos somente em tais coisas. Apenas quando o terceiro olho do conhecimento estiver aberto, compreenderemos que tudo isso é perecível, e que apenas o Ser é duradouro. Então

---

[24] Épicos divinos, descrevendo as vidas dos deuses.

poderemos usufruir o êxtase supremo. Nesse estado, não há diferença entre masculino e feminino, entre meu e seu. Isso é o que significa dizer que Kama foi destruído. O *Shiva Linga* nos ajuda a apreender esse princípio e a libertar a mente da luxúria. Este é o motivo pelo qual o *Shiva Linga* foi cultuado tanto por homens quanto por mulheres, por idosos e jovens, pelos brâmanes e pelos párias.

Apenas uma mente ofuscada pela luxúria pode ver o *Shiva Linga* como um símbolo de luxúria. Devemos explicar a essas pessoas o princípio verdadeiro que embasa o símbolo, e assim elevar suas mentes.

O *Shiva Linga* ilustra que Shiva e Shakti não são dois, e sim um e o mesmo. Isto é relevante também na vida familiar. O marido e a esposa devem estar de acordo. Se o homem é o sustento da família, a mulher é Shakti, a força da família. É provável que não haja nenhum outro símbolo de igualdade e amor entre um homem e uma mulher. Este é o motivo pelo qual foi dada tanta importância ao *Shiva Linga* nos templos de *Brahmasthanam* que a Amma fundou.

ॐ

Pergunta: Diz-se que Shiva habita nos crematórios. Qual é o significado disso?

Amma: O desejo é a causa do sofrimento humano. O motivo pelo qual a mente corre atrás de cada desejo é por ter a seguinte percepção: "Não estou completa". Você nunca vai viver a paz total, se concentrar-se somente na aquisição de ganhos materiais. Nos campos de cremação, são reduzidos a cinzas todos os desejos materiais e o corpo, que é o instrumento utilizado para satisfazer esses desejos. E aí, quando esses desejos estão ausentes e não há consciência do corpo, o Senhor Shiva dança em êxtase. É por isso que se diz que Ele habita nos crematórios. O significado disso não é que o êxtase só existe após a morte. Tudo está dentro de nós. Nós e o universo somos um, ambos somos igualmente completos. Mas quando o apego ao corpo morre no fogo da consciência do Ser, somos automaticamente preenchidos por bem-aventurança.

O corpo de Shiva é decorado com as cinzas das piras fúnebres. Isso simboliza a conquista de todos os desejos. Igualmente, colocar cinzas[25] sagradas

---

[25] Cinza sagrada (*bhasmam, vibhuti*) é feita tradicionalmente de esterco seco de vaca, que é queimado até virar cinza.

na testa é muito benéfico para a saúde. Além disso, a mente se toma ciência da natureza perecível do corpo. Isso nos faz lembrar que esse corpo logo perecerá e que devemos fazer boas obras o mais rápido possível, antes de o corpo morrer.

Shiva é chamado de "o desapegado" (*vairagi*). Desapego (*vairagya*) significa ausência de apego. As crianças dão muita importância a seus brinquedos. Já para os adultos, esses mesmos brinquedos não significam nada. Desapego significa não dar importância indevida ao nome ou à posição, ao conforto físico, à família ou aos amigos. Se não desenvolvermos o desapego verdadeiro, nossa felicidade dependerá da ponta da língua dos demais! Nossa vida será uma marionete nas mãos dos outros. A equanimidade é o que nos dá a verdadeira liberdade. Se formos desapaixonados, nada no mundo poderá ocultar nosso êxtase inato. Shiva, que se cobre de cinzas e reside nos crematórios, nos ensina esse princípio. Este é o motivo pelo qual o Senhor Shiva é considerado o primeiro entre os gurus.

Glossário

Advaita – Não-dualismo. A filosofia que ensina que o Criador e a criação são um e são inseparáveis.

Archana – Uma forma de culto na qual os nomes de uma deidade são recitados, habitualmente 108, 300 ou 1.000 nomes por sessão.

Ashram – "Local de esforço". Um local ao qual os aspirantes espirituais vão a fim de levarem uma vida espiritual e se dedicarem à prática espiritual. Habitualmente, é o lar de um mestre espiritual, de um santo ou de um asceta, que guia os aspirantes.

Asura – Demônio, uma pessoa com qualidades demoníacas.

Atman – O Ser eterno, o Espírito ou a Consciência transcendental; nossa natureza essencial. Um dos princípios fundamentais do *Sanatana Dharma* é que somos o Ser (Espírito) eterno, puro, imaculado.

Avadhut(a) – Uma alma auto-realizada que não segue as convenções sociais. Pelos padrões convencionais, os *avadhuts* são considerados extremamente excêntricos.

Bhagavad Gita – "Canção do Senhor". *Bhagavad* = do Senhor, *gita* = canção, referindo-se especificamente a conselho. Os ensinamentos que Krishna deu a Arjuna na batalha campal de *Kurukshetra*, no início da guerra de *Mahabharata*. É um guia prático para a vida diária de cada pessoa e contém a essência da sabedoria védica. É chamada comumente de a Canção.

Bhagavan – Senhor, Deus. Dotado com as seis qualidades divinas ou *bhagas*: oito *siddhis* (poderes), força, glória, sorte, conhecimento supremo e equanimidade.

Bhagavatam – Uma das dezoito escrituras conhecidas como Puranas, que tratam especialmente das encarnações de Vishnu e, de modo mais detalhado, da vida de Sri Krishna. Ele enfatiza o caminho da devoção. Também conhecida como *Srimad Bhagavatam*.

Bhajan – Canção devocional, canto devocional.

Bhakti – Devoção.

Bhakti Yoga – "União através da devoção". O caminho do amor e da devoção. O modo de atingir a autorrealização através da devoção e da plena autoentrega a Deus.

Bhava – Disposição, atitude ou estado divino.

Brahma, Vishnu e Maheswara (Shiva) – Os três aspectos de Deus, associados à criação, preservação e dissolução.

Brâman – A Realidade Absoluta, o Todo, o Ser Supremo, "Aquilo" que abrange e permeia tudo, que é Um e indivisível.

Brahmandam – "O grande ovo", o universo.

Brahmasthanam, Templo de – "A Moradia de Brâman". Nascido da intuição divina da Amma, esse tipo único de templo é o primeiro a mostrar várias deidades em um único ícone. O ícone possui quatro lados, com Ganesha, Shiva, Devi e Rahu, enfatizando a unidade inerente na base dos aspectos diversos do Divino. Há dezesseis desses templos em toda a Índia e um nas Ilhas Maurício.

Brahma Sutras – Aforismos compostos pelo sábio Badarayana (Veda Vyasa) expondo a filosofia dos Vedas.

Brâmane – No sistema de castas da Índia os brâmanes eram os padres e professores.

Darshan – Visão do Divino ou de uma pessoa santa.

Deva – "O que brilha". Um deus ou ser celestial que existe no plano astral, em um corpo sutil, não-físico.

Devi – "A Resplandescente"; a Deusa, a Mãe Divina.

Dharma – Da raiz *dhri*, sustentar, apoiar, suportar. Com frequência é traduzido simplesmente como "retidão". O termo *Dharma* tem muitos significados profundamente inter-relacionados: o que sustenta o universo, as leis da Verdade, as leis universais, as leis da natureza, em conformidade com a harmonia divina, retidão, religião, dever, responsabilidade, conduta correta, justiça, bondade e verdade. *Dharma* significa os princípios internos da religião. Significa a verdadeira natureza, as funções e ações próprias de um ser ou de um objeto. Por exemplo, o *dharma* do fogo é queimar. O *dharma* de um ser humano é viver em harmonia com os princípios espirituais universais e cultivar uma consciência elevada.

Durga – Um nome da Deusa, da Mãe Divina. Frequentemente, é representada com várias armas nas mãos e cavalgando um leão. É destruidora do mal e protetora do bem. Ela destrói os desejos e as tendências negativas (*vasanas*) de seus filhos e revela para eles o Espírito Supremo.

Ganesha – Filho de Shiva e Parvati. Ganesha remove os obstáculos e confere o sucesso. Ele é cultuado no início de todas as cerimônias e antes do início de qualquer empreendimento novo. Ganesha tem cabeça de elefante e seu veículo é um rato. Isso representa o fato de que Deus existe em todas as criaturas, da maior à menor, e também simboliza a vitória sobre todos os desejos. Os detalhes da imagem de Ganesha indicam profundos significados filosóficos que se destinam a guiar o aspirante espiritual.

Gita – Canção. Veja *Bhagavad Gita*.

Guru – "Aquele que remove a escuridão da ignorância". Mestre ou guia espiritual.

Gurukula – Um *ashram* com um guru vivo, onde os discípulos vivem e estudam com o guru. Antigamente, os gurukulas eram internatos, nos quais os jovens recebiam uma educação abrangente, baseada nos Vedas.

Hatha Yoga – Um sistema de exercícios físicos e mentais, desenvolvido em tempos antigos, com a finalidade de transformar o corpo e suas funções vitais em perfeitos instrumentos para ajudar cada pessoa a atingir a autorrealização.

Homa – Ritual do fogo sagrado.

Ishwara – Deus. O aspecto pessoal da Realidade Absoluta, Aquele que controla; o ponto causal da criação.

Japa – Repetição de um mantra, de uma prece ou de um dos nomes de Deus.

Jivanmukta – O estado de realização ou iluminação que é atingido enquanto a pessoa ainda está viva.

Jnana – "Conhecimento". O conhecimento supremo é uma experiência direta, que vai além de qualquer percepção possível da mente, do intelecto ou dos sentidos limitados. Ele é atingido através da prática espiritual e da graça de Deus ou do mestre espiritual.

Jnana Yoga – "União pelo caminho do conhecimento". O caminho espiritual do conhecimento supremo, que acarreta profunda percepção e compreensão da verdadeira natureza do Ser e do mundo. Envolve um estudo profundo e sincero das escrituras, desapego (*vairagya*), discernimento (*viveka*), meditação e o método intelectual de autoinvestigação – "quem, o que sou 'eu'?" e "Eu sou Brâman" – que é utilizado para romper a ilusão de *maya* e atingir o estado de autorrealização.

Kali – "A Escura". Uma forma da Mãe Divina. ("Escura", nesse contexto, se refere à sua infinitude e ao fato de que ela é impossível de ser conhecida ou compreendida pela alcance muito limitado da mente e do intelecto). Do ponto de vista do ego, pode parecer amedrontadora porque destrói o ego. Mas Ela destrói o ego e nos transforma apenas por sua imensurável compaixão. *Kali* tem muitas formas; em sua forma benevolente, é conhecida como *Bhadra Kali*. O devoto sabe que, por trás da aparência ameaçadora, encontra-se a Mãe amorosa, protegendo seus filhos e lhes concedendo a graça da iluminação.

Kalidas – (cerca de 400 d.C.) O maior poeta e dramaturgo em sânscrito da Índia. Autor de *Meghduta*, *Raguvamsa*, *Sakuntala*, etc.

Kama – Luxúria.

Karma – Ação, feito.

Karma Yoga – "União através da ação". O caminho espiritual do serviço desinteressado, abnegado e da dedicação dos frutos de todas as próprias ações para Deus.

Krishna – "Aquele que nos atrai para si", "O Escuro". ("Escuro", nesse contexto, se refere à sua infinitude e ao fato de que ele é impossível de ser conhecido ou compreendido pelo alcance muito limitado da mente e do intelecto). Nasceu na família real, mas cresceu com pais adotivos e viveu como um jovem pastor em Vrindavan, onde era amado e adorado por suas devotadas companheiras, as *gopis* (leiteiras e pastoras) e pelos *gopas* (meninos pastores). Posteriormente, Krishna tornou-se em governante de Dwaraka. Era amigo e conselheiro de seus primos, os Pandavas, especialmente de Arjuna, a quem revelou seus ensinamentos – veja *Bhagavad Gita*.

Kriya Yoga – uma parte das práticas tântricas tradicionais – a maioria versando sobre exercícios de respiração.

Kundalini – "O poder da serpente". A energia espiritual que descansa como uma cobra enroscada na base da coluna dorsal. Por meio da prática espiritual, eleva-se pelo canal *sushumna*, um nervo sutil dentro da coluna, passando pelos principais *chakras* (centros de energia). À medida que a *kundalini* sobe de um *chakra* para o seguinte, o aspirante espiritual começa a experimentar níveis mais refinados e sutis de consciência. A *kundalini* finalmente alcança o mais elevado dos *chakras*, no topo da cabeça, o *sahasrara*. Esse processo de despertar a *kundalini* conduz à autorrealização.

Laya Yoga – "União através da dissolução ou absorção". Baseia-se no desenvolvimento dos *chakras* e no despertar da energia da *kundalini*. Uma ioga através da qual a natureza inferior do aspirante se dissolve, e ele desperta para o êxtase e para a consciência transcendental.

Linga – "Símbolo", "sinal que define". O princípio da criatividade, frequentemente cultuado como um símbolo do Senhor *Shiva*. Um *Shiva Linga* geralmente é uma pedra oval alongada.

Mahabharata – Um dos dois grandes épicos da história indiana, o outro sendo o *Ramayana*. É um grande tratado sobre o *dharma* e a espiritualidade. A história trata principalmente do conflito entre os Pandavas e os Kauravas e da grande guerra em Kurukshetra. Contendo 100.000 versos, é o mais longo poema épico do mundo. Foi escrito aproximadamente em 3.200 a.C. pelo sábio Vyasa.

Mahatma – "Grande alma". Quando Amma usa a palavra *mahatma*, ela está se referindo a uma alma realizada.

Mantra – Fórmula sagrada ou prece repetida constantemente. Essa repetição desperta o poder espiritual adormecido da pessoa e a ajuda a alcançar o objetivo último. É mais eficiente se recebida de um mestre espiritual realizado durante a iniciação. Um mantra é conectado integralmente à realidade que ele representa, ele é essa realidade em uma forma latente. O mantra ou "semente" no interior do aspirante é nutrido ao ser constantemente repetido com concentração, até que finalmente germine na experiência da Realidade Suprema.

Matham – Religião.

Maya – Ilusão; a força divina ou véu com o qual Deus, em seu jogo divino da criação, oculta-se e dá a impressão de ser muitos, dessa forma criando a ilusão da separação. Como *maya* oculta a Realidade, ela nos ilude, fazendo-nos acreditar que a verdadeira perfeição deve ser encontrada fora de nós mesmos.

Moksha – Liberação espiritual final.

Mudra – Um gesto ou postura física, habitualmente expressado com as mãos, contendo profundo significado espiritual.

Muruga – "O Belo". Também conhecido como Subramanya, Muruga é um deus criado por Shiva para auxiliar as almas em sua evolução, especialmente através da prática da ioga. Ele é irmão de Ganesha.

Nadi Shastra – *Nadi* = canal. Um ramo particular da astrologia de previsão, i.e. *Agastya Nadi*.

Nadopasana – Devoção e adoração através da música.

Narasimha – O Homem-Leão Divino, uma encarnação parcial de Vishnu.

Narayana – *Nara* = conhecimento, água. "Aquele que está estabelecido no supremo conhecimento", "Aquele que reside nas águas causais". Um nome de Vishnu.

Natya Shastra – A ciência da dança, da música e do drama.

Parvati – "Filha da montanha". Consorte divina de Shiva; um nome da Deusa, da Mãe Divina.

Payasam – Arroz doce.

Prakriti – Natureza primordial; o princípio material do mundo, o qual, em associação com *Purusha*, cria o universo; a matéria básica na qual consiste o universo.

Prasad(am) – Oferenda ou presente consagrado oferecido por um santo ou templo sagrado, frequentemente na forma de alimento.

Puja – "Adoração". Ritual sagrado, adoração cerimonial.

Purana – Os Puranas são histórias épicas descrevendo as vidas dos deuses, por meio das quais são propostos os quatro objetivos da humanidade (*purusharthas*) – viver honestamente (*dharma*), fortuna (*artha*), desejo (*kama*) e liberação (*moksha*).

Purusha – A consciência que habita no interior do corpo; a pura, imaculada Existência/ Consciência Universal.

Raja Yoga – O caminho da meditação.

Rama – "Aquele que dá alegria". O herói divino no épico *Ramayana*. Ele era uma encarnação do Senhor Vishnu e é considerado um ideal do *dharma* e da virtude.

Ramayana – "A vida de Rama". Um dos dois grandes épicos da história da Índia (o outro sendo o *Mahabharata*), descrevendo a vida de Rama, escrito por *Valmiki*. Rama foi uma encarnação de Vishnu. Uma parte importante do épico descreve como Sita, esposa de Rama, foi sequestrada e levada para Sri Lanka por Ravana, o rei-demônio, e como ela foi resgatada por Rama e seus seguidores, inclusive seu grande devoto Hanuman.

Rishi – *Rsi* = conhecer. Vidente autorrealizado. Habitualmente refere-se aos sete *rishis* da antiga

Índia, i.e., almas realizadas que podiam "ver" a Verdade Suprema.

Samskara – *Samskara* tem dois significados: a totalidade das impressões gravadas na mente pelas experiências dessa vida ou de vidas anteriores que influencia a vida de um ser humano – sua natureza, ações, estado da mente etc.; o despontar da compreensão correta (conhecimento) dentro de cada pessoa, conduzindo ao refinamento de seu caráter.

Sanatana Dharma – A Religião Eterna; o Princípio Eterno. O nome tradicional do hinduísmo.

Saraswati – A Deusa do Aprendizado.

Satya – Verdade.

Satya Yuga – A Era da Verdade (*satya*); também chamada de *Krita Yuga*. Há um ciclo de quatro era ou períodos de tempo na criação (veja *yuga* no glossário). A *Satya Yuga* é a era na qual a bondade e a verdade prevalecem em todo lugar e cada manifestação ou atividade está o mais próxima possível do mais puro ideal. Às vezes é chamada de Idade de Ouro.

Shakti – Energia; um nome da Mãe Universal, o aspecto dinâmico de Brâman.

Shankaracharya – (788 – 820 d.C.) Um grande filósofo que reviveu e revitalizou a religião hinduísta. Fundador da Escola *Advaita*, que declara que somente o Brâman é real, tudo o mais é falso.

Shastra – Ciência ou conhecimento especializado.

Shiva – "O Auspicioso"; "O Gracioso"; "O Bom". Uma forma do Ser Supremo. O Princípio masculino; Consciência. Também o aspecto da Trindade associado com a dissolução do universo, a destruição daquilo que, em última instância, não é real.

Shiva Linga – *Linga* simbolizando *Shiva* (veja *linga*).

Svara Yoga – Caminho que usa exercícios de respiração para atingir a realização do Ser.

Tantra – Sistema tradicional de práticas espirituais que possibilita que o praticante, no meio das atividades mundanas, compreenda que a alegria experienciada nos objetos, na realidade, surge do interior dele.

Tapas – "Calor". Auto-disciplina, austeridades, penitência e autossacrifício; práticas espirituais que incineram as impurezas da mente.

Os três mundos – Céu, terra e inferno; os três estados de consciência.

Upadhi – Acessório limitador, por ex., nome, forma, atributo; instrumento; ferramenta.

Upanixade – "Sentar-se aos pés do Mestre"; "aquele que destrói a ignorância". Os *Upanixades* são as quatro partes finais dos *Vedas*. Elas expõem a filosofia conhecida como Vedanta.

Vairagi – "O Desapegado" (refere-se a *Shiva*).

Vairagya – Desapego, equanimidade.

Vastu – "Natureza; meio ambiente". A antiga ciência védica da arquitetura, contendo princípios e práticas complexos para a construção de prédios em equilíbrio harmonioso com a natureza e o universo.

Vedanta – "Conclusão dos *Vedas*". A filosofia dos *Upanixades*, a parte conclusiva dos *Vedas*, que afirma que a Verdade Última é "Uma, sem segunda".

Vedas – "Conhecimento, sabedoria". As antigas escrituras sagradas do hinduísmo. Uma coletânea de textos sagrados em sânscrito, que são divididos em quatro partes: *Rig, Yajur, Sama* e *Atharva*. Os Vedas, que estão entre as mais antigas escrituras do mundo, consistem em 100.000 versos e um complemento em prosa. Eles foram trazidos ao mundo pelos *rishis*, que eram sábios autorrealizados. Os *Vedas* são considerados como sendo a revelação direta da Verdade Suprema.

Vishnu – "O Onipresente". Um nome de Deus. Ele habitualmente é cultuado na forma de duas de suas encarnações, Krishna e Rama.

Viveka – Discernimento, a capacidade de discriminar entre o rReal e o irreal, entre o eterno e o impermanente, entre o *dharma* e o *adharma* (injustiça), etc.

Yaga yajnas – Complexo rito sacrifical védico.

Yajna – Oferenda.

Yoga – "Unir". União com o Ser Supremo; um termo amplo, que se refere aos vários métodos prático por meio dos quais uma pessoa pode atingir a unicidade com o Divino; um caminho que leva à autorrealização.

Yuga – Era ou éon. Há quatro eras: *Satya* ou *Krita Yuga* (a Idade de Ouro), *Treta Yuga*, *Dwapara Yuga* e *Kali Yuga* (era das trevas). Atualmente vivemos em *Kali Yuga*. Diz-se que as *yugas* se sucedem umas às outras de modo quase interminável.

ॐ